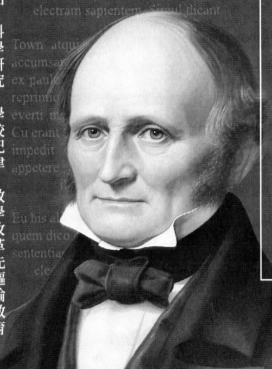

公民義務、天賦本質、學生觀點、科學研究、學校紀律，教學改革先驅論教育

Adolph Diesterweg

德國思想家
的
第斯多惠
「師教育指南」

弗里德里希·第斯多惠 著

江利 譯

課堂教學原理等同於教育原理；
課堂教學方法等同於教育方法！

尚若兩者做不到統一，那麼課堂教學不過是一種罰育，
只是傳授知識罷了，完全談不上是培養教學。

目錄

目錄

前言

第斯多惠 (Friedrich Adolph Wilhelm Diesterweg，西元 1790 ～ 1866 年)，是 19 世紀德國偉大的教育家、思想家，民主教育的代表人物，有「德國教師的教師」的美譽，被認為是教學改革的先驅。

西元 1790 年，第斯多惠在威斯特法倫省席根市一個法官的家庭出生，他從小就對自然十分熱愛，喜歡在林間和田野散步，經常和農民交談。西元 1808 年，第斯多惠升入赫伯恩大學，一年後轉入圖賓根大學繼續學習。西元 1811 年畢業，西元 1817 年獲得哲學博士學位。西元 1813 ～ 1818 年，第斯多惠在法蘭克福的一所模範學校任教，教授數學和物理，後來任默爾斯師範學校校長，同時教授數學和法語。

西元 1827 年，第斯多惠創辦了《萊茵教育雜誌》，他針對各種教育問題，先後撰寫並發表了四百多篇論文。西元 1832 年，第斯多惠調任柏林師範學校，任校長，並承擔了師範和附小的教學工作。也是在這一年，第斯多惠組織了教育聯合會，西元 1840 年他創辦了柏林新教員聯合會。西元 1836 年，第斯多惠撰寫《文明的切身問題》一書，對各類社會的不平等現象進行抨擊。

第斯多惠篤信裴斯泰洛齊 (Pestalozzi) 的教育學說，對等級和沙文主義教育持反對態度，因此不斷遭受反動的普魯士政府

迫害。西元 1848 年，第斯多惠的師範學校校長職務被解除，不過德國的教師依然選他為全國教師聯盟主席，後又將其選入德國眾議院中，做為他們的代表。西元 1865 年，人們隆重慶賀第斯多惠 75 歲壽辰，還向他贈送了銀製桂冠，以此表示對他為德國國民教育事業所做貢獻的感激之情，第斯多惠也因此被稱為「德國教師的教師」。

第斯多惠一生著述頗豐，包括《德國教師教育指南》、《教育年鑑》以及幾十種關於數學、德語、數學地理、天文等科的教科書和教學指導書，其中《德國教師教育指南》堪稱第斯多惠的代表作，在這部書中，第斯多惠提出的和諧教育思想向來為教育界所稱道，即使是現在，依然具有極為深刻的啟發意義。

本書便是從《德國教師教育指南》中編選出一部分具有代表性的文章，可以令讀者全面、透澈的了解這位教育家的思想。

第一章
人類與教師生活的使命與任務

所有人被上帝我主帶到這個世界上來，目的就是完成完善自身的使命。在人類難以窮盡的所有創造過程中，恰恰是因為沒有目的，目標始終缺乏，並無一個充滿榮譽感的使命，因此萬能的造物主才決定賦予人類一個無比崇高的生活目標，讓人類借助自身使命的完成，最終達成這個至高無上的目標。倘使說上帝透過雙手難說有意創造了世間萬物，創造了太陽、月亮以及星星，這岩石或是植物的元素，並未違背自身的使命，而人類卻依靠大自然賦予的力量，依從造物主的驅使，完全憑本能行事，盲目而又迷濛的生存，那麼我們人類最終定會陷入隨心所欲或是隨波逐流的境地，其結果就是與人類最初的願望背道而馳。由於人類無法脫離自然法則而獨自生存，人類不應該遵循自然法則的外部必然性，而應該帶有目的性的依循自然萬物內部的自由發展法則。人類不可以僅僅憑著自身的本能去追求生活目標，人類應當是思想明確而又旗幟鮮明，成竹在胸的追求人生的終極目的。儘管造物主賦予人本能，但盲目的本能與堅定的信心並不相同，它無法為人類指出完成一定生活目標的趨向和道路。人類若是不能自我覺悟，失去精神上探求與磨練，就無法識別生活的目標和方向，更難以找出達到人生目的的方法與途徑。

　　所以說，從古至今有許多頗有造詣的思想家與教育家，對這個人類的嚴肅任務，闡釋了清晰的人類存在的目標與使命。這個人生的課題至關重要。要是我們並不明白人類真正的使

命，那我們人生的車輪在前行時就會誤入歧途，最終與我們為人的生活目標背道而馳，並讓人感到人生的虛無。渾渾噩噩，醉生夢死，庸碌無為，年華虛度，這是頹廢的心理映照。我們需要樹立雄心，滿懷壯志，矢志不渝的奮鬥，為至高無上的人類使命而奮鬥。我們人類的天分和力量要比世間一切的榮華富貴都要強大 —— 這又怎麼能與得過且過同日而語呢？

　　因此我們需要熱情滿懷的追求每個人的生活目標和使命的重大意義。因為人類難以按照缺乏管理的法則漫無目的的、渾渾噩噩的完成這個偉大而崇高的使命，人類應該最先清楚認識到個人自身使命的重要之處，竭盡全力把畢生的能量都貢獻給這個偉大而崇高的事業。人類的生活處在看不到盡頭的時間中，不斷發展向前，所有人類追求的事物，都難以輕易得到，必須付出大無畏的努力，奮鬥不息，歷盡磨難，矢志不渝，最終才能成功。人應當首先樹立一個正確鮮明的人生觀，並牢牢遵循這個人生觀，無時無刻不停止對這個人生觀的追求，人應該克服自己的模糊認知，喚醒清晰的自我覺悟，這會讓人類生活的進步色彩顯著增加。要想完成這個生活的最終目的，不能急於求成，這並非一朝一夕之事，是難以劃定一個嚴格的時間界限的。最終的目標只有在生活不斷向前的發展過程中才能實現。

　　我們關注人生觀，追尋人生觀的真諦，這其實就是人類生活本來的任務。

人生觀往往有兩種樹立的來源，人類從這兩種來源中都汲取了豐富的知識：一種來源是前人的經驗和思想；另一種來源是傳統精神——傳統與自我思考相融合。一個人的知識不能僅僅從一種來源中汲取，必須是兩種來源相互借鑑。人類需要從幾千年的發展演進中追尋歷史的結晶，以千錘百鍊的精神去探尋、總結歷史進程中的經驗教訓。要以理智之心和思考之義來品閱聖書，以求得書中的真知灼見，探尋遠古時期流傳至今的聖賢的言論，向同時代的思想家求助。如此一番，人才具備充實的思想，才能做到心明眼亮，勇於將全人類生活的重任扛在肩上。年輕人在有識之士的準則下，遵照上一輩的信仰與信念長大，終於踏入自己人生的大道，當然其中有坦途，也有小路的崎嶇，將重重困難克服，最後秉持著如同遠古神明的兒子海克力斯（Heracles）一般的英雄氣概，來到他人生的十字路口，這個年輕人在十字路口輾轉徘徊，一點點領悟和思索人生使命的真諦，在探尋的過程中他滿含渴望，滿含熱情。年輕人立志要去追尋生活的真相，確定自己一生的轉捩點，以此來下定決心自始至終的追求這個偉大的志向，這也是這個年輕人一生存在和創造的中心節點。我們在如此神聖而莊嚴的時代提出了以上這些問題，年輕人胸懷著熱情，他渴望得到是實實在在的答案，一旦他們的思想變得成熟，就會義無反顧的投身進沸騰的生活之中，勇敢攀登那人生偉大而崇高目標的最高峰。然而對於那些擁有純真思想、崇高理念的年輕人而言，這並不是權宜

之計，而且並不屬於一時衝動，或是一時的心神迷亂，熱情總是隨著那些內涵豐富之人一起沉澱進生活裡去，他們的熱情會日夜照耀他們，他們的心靈在不息的燃燒，這讓他們免於誤入歧途，讓他們不至於年華虛度，而最終碌碌無為。人類的使命與生活的重任無異，我們尚在人世的人切不可誇口說什麼時候一定能達到這個目的，要想達成這樣的目的必須不斷奮鬥在正確的路上，永遠創新，從始至終自強不息。

所以我們就反覆研讀聖書，在書中尋找真知，遵從聖賢所述的哲言以及我們自我的格言。

在每個並不相同的時代我們提出的那些重大問題，都由所學不同的思想家給出近乎相同的答案，這近似於是異口同聲。儘管看起來奇怪得很，其實際情況卻並非如此，也似乎不可能如此。但這些問題的核心和精神卻是近乎相同的，當然也可以說是不謀而合。儘管對人類使命的表達方式各不相同，但其實質卻並無不同。每個人的特點各異，觀點不一，看法不盡相同，所以我們應該從各個不同的角度來審視真實的事物，回答這些問題的方式手段雖然不同，但其實質卻是相同的。

對於人類使命的概念，一部名著是這樣闡述的：永遠相信上帝，熱愛上帝，對上帝充滿敬畏與虔誠。其本質就是一種宗教觀點。真實與崇高與否一望可知。無論怎樣，一個人會憑著自己接受的文化程度與教育水準的情況憑空想像上帝是否存在，至高無上的使命是否存在。但依照上述觀點我們忍不住會

問，所謂對上帝的相信與虔誠到底是什麼意思。倘若我們再去聽聽同樣這個問題的另外一種回答，我們的頭腦就會豁然開朗，認清真假，挖掘出真相。

世間的哲學家和另外一種人的看法是：人類生活的目標，即理性－道德，幸福－真理，真知－真、善、美－人性。這是哲學觀點的最終答案。

另外一種人則認為人生的終極目標是教育的完善，發揮人的天賦、智慧和主動性。這代表了形式教育的觀點。也可以表達為這些人是結合形式上的觀點和實質的要素提出的方法，認為主動性是為真、美、善服務的，這是他們認為的人類的使命。

雖然這些解釋不盡相同，提出的內容核心卻是統一的。讀者完全可以從以上各派的主張中進行辨別，選出你心中認為的最理想的主張當成自己的人生觀，是理性與人性，還是對上帝的敬畏？任君挑選。為真、善、美服務的主動性一說會被多數人選擇。這個學說蘊含了一個至高的原理：主動性結合實質的要素，真和善，或是真、善、美。主動性的本質就是讓人在活著時對世間萬物抱有主動積極的態度，防止人自暴自棄，隨波逐流，坐以待斃，而是讓人主動去奮鬥，用自己真實的行動來完成其做人的使命，換句話說，人要靠自己去尋找自身奮鬥和行動的原因所在，在這裡面找出合理的部分，自我決定，形成自決與自由的樸素原理。物質方面的內容，真和善是生活的客觀存在。就整體而言，人類奮鬥的最終目標就為了實現真和善

的崇高理想，把真、善、美這三點看作是人生至關重要的財富，為此要付出全部純潔之愛，主動而自由自決的，竭盡所能才能抵達勝利的彼岸。這可以說是全人類也代表著個人的最崇高而偉大的終極理想，統一為上帝的真與善。

　　總結下來，我們透過兩個並不相同的方面來闡釋教育的思想，也即是說，其中一種思想的觀點是教育是一種獨立於人而存在的自我上的完善，這一完善是每個人奮鬥的典範和目標；而另外一種思想的看法是教育是一種借助發展而逐漸成長的自我進化現象。前者帶有濃厚的宗教色彩，後者則是一種哲學思維。兩種思想不僅僅區別在本質上和目的上，甚至關於起始點和方向也存在著觀念上的截然不同。前者的著眼點在於自我完善，認為個人要經過努力奮鬥以發展自身在生活上的高貴的萌芽；後者則宣導發展個人的自由思想，以此作為理性與完善的最終結果，完善與其的本質上的存在是相統一的。前者代表著上帝的意志，將人類神化，後者則依靠人類的道德為根本，將道德昇華，執行的是上帝的意志。前者是透過上帝來教育人，後者則教育人類執行上帝的意志。前者充斥著宗教的博愛思想，後者閃耀著哲學和人類學觀點的光輝。前者意味著虔誠開始趨向美德；後者則是將道德美化，最終歸於虔誠。總而言之，從至高無上的角度來審視，兩者又包含著諸多的相通之處，那意味著信仰與知識的歸於一統。基督的教義就是培育宗教的思想，其內容就是自我完善。不巧的是各個民族和個人並不能對

其教義的認識和理解循規蹈矩。教育事業不斷向前發展，對自我完善這個概念的認知將會越來越明朗和圓融，它最終定會成為一切努力奮鬥、思想進步的人追求的永恆目標。

這個生活目標的達成，是一個難以窮盡的偉大使命。這個重任對青少年一代人是一種鼓舞，它要超脫出一般生活的境界，彷若蒼穹的最頂點。要想達成徹底勝利，完成這個目的，依靠人類有限的生命是無法達成的，然而無論怎樣我們都要先明確它那真實而永恆的意義。如今世態變幻無常，只願我在有生之年能夠不失去追尋這個偉大目標的方向，不失掉信心。人類諸多的弱點和缺陷會讓這不停發光的太陽失去色彩，但願那個時候我能夠浪子回頭，這個終極崇高而偉大的生命光芒會將我的內心喚醒並照亮，回頭即是彼岸，那時一切雨過天晴，宇宙中日月星辰永恆的光輝將會重新把我照耀。人性伴隨人類與生俱來，人類需要窮盡一生的精力為真、善、美獻身，雖然知道征途上險阻無數，困難重重，但只要不畏艱難險阻，努力奮鬥，勇於追求這個目標，這個重任最終一定會完成。造物主賦予人類這樣一個目標，人類自身要勇敢的承擔起這個重任，要依靠教育來把這個生活的重任實現，而人類自我完善所依靠的就是學校教育。

關於這個問題的重要性，我們後面還會再做說明。

最先要說明的是主動性為真、善、美服務的教育與培養原理（包括形式－－主觀的主動性以及一個現實的客觀緣由），往

往具有普適性。從某種程度上來說這個概念或許並不太明確，但值得一提的是這個普遍性剛好是個優點。我們的論敵一定想明確真、善、美到底是什麼意思？所以在這裡我要極其鄭重的告誡他們：這個教育原理雖然規定，但並不意味它永遠都是絕對不變的，隨著時代不斷發展，這個教育原理是不斷變化的。至少真、善、美會獲得一部分青少年的好評，另一部分的贊同則來自老年人，而青少年和老年都是人的年齡結構的一部分，真理本身從不會是完美無缺的，它會永遠向前發展，對人類而言，不存在一種永恆不變的原理。真理是全人類普遍的產物，源自人類智慧與需求的結晶，人在青春期有符合青春期需求的真理，到了壯年時期又有針對壯年人的真理。隨著人類社會不斷向前演進，真理最終發展為一條永恆流動的長河。真理永恆的發展變化，不可能保持長久不變。那些懷古和復古的人才必將會錯失真理，甚或誤解真理。一個普適性的教育原理不應該包含每個時期的具體內容，而只能得出一個總目標（即主動性為真、善、美服務）。倘使說克爾曼將其提出的「基督教文明」當作教育原理，那麼我們當然可以理直氣壯的闡釋我們這個普通的教育原理，雖然這個原理在普及性上不如前者。這個普通的教育原理其本身會隨著時間的變化而改變，基督教的文明也會伴隨時代的發展而改變。我們提出的教育原理主張凡是相信它的人，都要時刻主動為真、善、美奮鬥！當然我們也認可這個教育原理賦予人的主觀權力，人們應該認同正義與善良的理

念。然而對於那些進步人物而言，通常是允許依照具體情況來修正自己對正義與善良的觀念，只要不改變其追尋真和善的觀念。每個原理的目標都是修正人類不斷進步的思想，在這世間沒有任何絕對客觀的標準能夠用來衡量每個時期人的價值與內容。

費希特（Fichte）的學說認為，人類社會的終極目標就是創造和發展人類的文化，即是說「竭盡所能爭取完成自由發展的目標，將那些並不為我們本身所需的東西摒棄掉，人類唯一的使命就是創造和發展這種自由的文化，只要人類還依託於感性世界而存在，但這種至高無上的感性目的卻非人類自身的終極目標，而是達成這種最高精神境界與最終目標的終極方法，只有在這樣的情況下才能形成人的意願和理性規律相統一，世間人類的所有作為，都能看作是感性世界走向這個最終目標的方法與手段，否則就可歸類為無的放矢，缺乏理性的行為」。

「別人無法傳授人類的教養，人能依靠的只能是自我修養。所有的苦修也並不完全是文化上的修養，教育要依靠人類的主動性來最終實現，教育和主動性是牢牢捆綁在一起的。」（費希特）。

「倘使對每個學生都說：你自己一定要好好做人，（萊布尼茲-沃爾夫〔Leibniz-Wolff〕）所有的舉動都要循規蹈矩，這樣的規矩就是道德，延伸出真正的教育原理 —— 探索事務要依照事務自身的特點（克拉克〔Clarke〕）道德 —— 就是依照行動的準則

來運行，就是遵照規矩來行動，依照行動準則在其他情況下進行行動，最終這個行動準則就會成為具有普適性的行動準則（康德〔Kant〕）—— 根據道德標準循規蹈矩，作為旁觀者的身分來對這樣行動的人進行同情（史密斯〔Smith〕）—— 依靠你的道德情感與良知來進行行動（哈奇森〔Hutcheson〕）—— 怎樣能夠讓你幸福就怎樣行動（盧梭〔Rousseau〕）—— 合群吧！（普芬多夫〔Pufendorf〕）—— 道德即兩種罪惡間的中心（亞里斯多德〔Aristotle〕）—— 從以上任何一個原則中都能夠繼續向下推論，同時還能夠根據圓周求得圓的半徑，類推下去，總之萬變不離其宗。根據形式主義者的普遍邏輯，繁多的原理能夠修正錯誤。「人的主動性是人類的固有本質。人類的一切人性、自由精神或是其他特性都由主動性引發出來；所有的創作、思維、注意力、感受，以及一切律己、談話、行動及其他一切自由運動和手勢都是依靠主動性為核心氣質來實現的。教育能夠延伸的範圍非常廣，但都難以超出這個主動性，無法超出主動性能夠到達的程度。教育的本質就是人的自我培養，或是接受他人的培養。教師注意的乏味首先就應是發展受教育者的主動性，人接受了教育才能成為自身的主人，成為人類生活中的進修者，教育能夠給人賦予偉大的力量，釋放活力和令個性全面發展，教育還能夠增強人的智慧和體能。而教育最應該重視的注意力（主觀原理）就是培養主動性。

為什麼要提主觀原理呢？我本人當然並不排斥客觀原理。

我們需要問的是：到底需要將主動性擴展到什麼樣的範圍？就其本身來說主動性並無實質內容。主動性可算是自人的精神中催發真、善、美的思想。作為人類生活追尋的總目標，這是最為客觀的教育原理之一。由於主動認識針對的是真，而主動感情針對的是美，主動意志針對的是善，因此要提高主動性奮發前行。

宗教的意義是什麼呢？

「宗教其一是對事物的認識，這屬於真理，其二是對物品的施捨，這屬於善；而宗教的絕大部分內容是情感，也即篤信與虔誠，最終與美統一起來。」人的主動性（贅述一句）是在人天賦的本能上建立的，人類認知的主動性是在認知的基礎上構築的，本能的核心就是認識事物，對事物進行了解。所以這樣的本能可算是純本能。教師技藝的高超就在於能否喚醒這種本能，並使得這個被喚醒的本能得到滿足。滿足本能能夠引起快感，這不僅僅是感官上的滿足，而且能夠讓所有的本能都得到滿足。一個合格的教師應該以自己為榜樣，身體力行，號召他的學生主動積極行動起來。教師的言行舉止，都會潛移默化的影響著學生，都能夠為學生帶來希望與活力。教師應該以提高學生的素養為己任，讓學生刻苦學習，並習以為常。這樣主動性才能不斷加強，人因此而擺脫自然的天性，成為一個真正覺醒而有意義的人。人就是能夠靠理性主動去做一切事情。

上述觀點的正確與否，相信讀者能夠自行辨別。這種觀點

本身而言並無價值，倘若成年人自己不能辨別，不去探尋這個觀點（也就是沒有主動性），那它充其量也不過是一個珍品，一個病入膏肓的珍品罷了。不去辨別沒什麼大不了的，疏忽大意才能導致精神上的空虛。還沒人能像費希特一樣入木三分的指出：

「為了把人主動性的最後萌芽壓制住，讓它枯萎，一些別有用心的人居然會把自己的謬論像魔鬼的詛咒那樣推給一個素未蒙面的權威人士身上。誰無法支配自己的信仰，誰就難以支配自己的行動（也就是按信念行事），誰可以解放自己的思想，誰就能快速的解放自己的意志。」

總而言之，我們為教師和受教育者提出的是一個共同完成的任務。對教師而言，這個任務是有著更加重要意義的，教師不僅僅其本身要不斷自我教育，進行自我完善，同時還要對別人進行教育。教師應該把教育事業當作自己的終身職業，自我教育即終身教育。所以這個意義要更加深遠。教師想要讓別人過上真正的生活，就應該發動受教育者去追尋真、善、美，竭盡所能的發揮他們的天賦與智力。對這個崇高的任務明確後，教師就應該先開始自我上的修養。教師切記要言行一致，以身作則，既要聆聽真理，掌握真理，也要把自己內心認可的真理與自己的現實生活、思想和意志有系統的連結起來，讓它們融為一體，這代表著教師的自我完善，做不到以上這些，就很難成為一個真正有思想有抱負的人。教師一定要明確認識到以下幾點：

1. 一個人倘若一貧如洗，就很難會對別人慷慨施捨。凡是無法進行自我發展、自我培養和自我教育的人，他們同樣無法發展、培養和教育別人。
2. 只有教師先受到教育，才能在一定範圍內對別人進行教育。
3. 只有教師誠懇的進行自我教育，才能以一顆誠心去教育學生。

我闡述的這些堅定信念，一定能夠理清教師中的一些模稜兩可的認知，那些在教師之中像瘟疫一樣傳播的各色虛無飄渺的教學原理和原則，必將因此而煙消雲散。我的信念堅定無比與教師關聯甚大，教師切不可將它單純當作是一種虛構與假設，我希望它們能夠作為一種實實在在的觀點被銘記在心。有的人認為僅僅用演講就能夠培養和教育人，這是一種多麼片面的愚見啊！這個觀點和教育的本質背道而馳，他們主張透過單純的傳授知識和培養技巧，就能夠全面深入影響學生的內心，甚至覺得教育事業自身就能夠隨著時間的逐漸完善而自行到達終點。無稽之談，這就是一種空想之論。一個真正的教師能夠從個人和他人的諸多寶貴經驗中切實體驗到，一個人要是想要有一番作為，與其說是用自己的學識去影響他人，還不如說是依靠自己的思想與行為來對人進行教育，當然用知識也能夠收穫我們所要的東西，但這同樣可以說是我們被精神的自由財富所占有，而並非我們占有了它。這甚至都很難談得上是占有的

問題，到底是為什麼呢？因為這種精神財富一直存在於我們自身，任何人都從未擺脫這種精神財富，而且沒人能夠否認它，這樣的精神財富與生俱來，無處不在，時刻在影響著我們，因為我們本來就處在這個精神財富裡。對培養人的心靈和意志來說，精神財富能夠產生非常大的作用，我們的目的是激發感情，更要珍惜感情，將感情最終轉化成精神財富，最終覺醒為奮發圖強之決心，並且只有將精神財富與現實生活完美結合並可以直接支配它的人才最終能形成極為鮮明的個性，否則這一點就很難達到。精神能夠傳播精神，宗教思想可以一傳十，十傳百，而教育者的努力也能夠在受教育者群體中引發同樣的傳播效果。倘若在現實中能夠找到這種見證，那就說明我的看法並非憑空捏造。所以我現在提出以下意見供幼兒教師參詳：我要求你們全面理解我的話，之後才能領會幼兒教師這個詞語的真正含義。雖然你是在教育別人，但你本人其實也還是在教育的影響範圍內外追尋教育。對你自身而言，學校本就是一個非常好的學校，你的所有活動，每樣社會關係都能夠促使你不斷進行自我教育和培養。雖然你或許能憑著鐵齒銅牙，講得天花亂墜，雖然你可能獲得了該有的全部聰明才智和知識，倘若你缺乏對盡善盡美的追求，難以為真、善、美服務的話，那麼我們能夠斷言，你也僅僅是一個只說空話的可憐蟲，一個只會發出單調聲響的鈴鐺而已，你很難被歸類為「人類繁殖」的一員。

　　所以說幼兒教師和教師自身務必要在自己的工作上奮力推

進真正的文化教育事業，實現終身的自我教育，對教師而言，這應該成為一種義不容辭的神聖職責。沒有什麼事物在現實生活中能夠超越這種神聖職責。只要熱愛教育事業就必須主張人們進行自我教育。而追求真正的教育的根本是促進人類的自身發展。有的人貶低教育事業為唯一可行的謀生方式，或是攫取財富的階梯，這種思想簡直不可思議。真理已經為那些心地純潔、高尚的人證明，只有這些人才會鍾情教育事業。哪個人不是為了人類的自身緣由去對教育事業進行探索，那個人就不可能找到這種教育事業。為真理而奮發圖強是一種無限快樂的事業，這事業早已明明賜與人們，讓人去對一切真理進行探尋，並為這種純潔的事業奉獻自身。誰能夠看清這一點，誰就能拿到打開真理大門的鑰匙，但是誰要是將這種事業當成乳牛來利用，誰就會將一枚芬尼當成是純金。

教育事業對於文化的興衰發揮重要的作用。為了文化和教育事業我們應該追求更加高尚的事物。在這方面誰能做出成績，其他人也能夠分享這種幸福。那是因為真正的教育事業能夠媲美上帝的王國，成為上帝在塵世的王國。所以我們對追求真理和教育事業的那些親朋好友並不需要讚不絕口，希望他們將自己的所有精力都竭盡所能的奉獻給偉大的教育事業。這可以看作是教師的菜餚和飲品。

追求真、善、美並非坦途，一定會因為人性的弱點或是其他原因而遭遇重重困難與阻力，但為了這個崇高的目的，我們

一定不能氣餒，不能灰心喪氣，要鼓足全部勇氣，矢志不渝，勇敢前行。我們這些都是對那些教師和志向為教師的年輕人講的，是對那些熱情滿懷的德國年輕人在講的，我相信他們也會贊成我提出的這些教學原理和觀點。

　　以下這些教學原理能夠鍛鍊人的才幹，並最終推動培養教師的工作。

第一節　國家公民承擔的義務和即將承擔的義務

　　為了進行教學，國家設立學校，這絕非為了教師本人的緣故。誰妄圖得到教師的職務，誰就要先將自己看作是達成這一職務追求目標的方式，誰就要獲得一定的受教育資格。教師這個職務是需要獲得一定教育程度的人來擔任，只有獲得一定的教育程度，才能在最終的實踐過程中更好的提高自己，然後一點點勝任責任更高的職務。倘若誰不想走這樣一條艱苦的道路，誰充其量就只能當一個混飯吃的雇工而已，反而這樣的職務還要對他侍候。誰能夠不違背國家，即不違背生活的團體，特別是不違背那些人們恰好在謀職或就業的中小城鎮；不辜負家長們的重託；不辜負孩子、不粗暴、不進行體罰、不會武斷對待孩子，盡忠職守，誠懇為人，兢兢業業，這種教學態度應當成為教育的第一要素，只有孜孜不倦工作，最後才能使教學成果纍纍。只有這種人才能成為真正的教師。

第二節
顧及教師和教職工團隊的健康發展

　　我們認為健康的人應當是精神重於肉體的人，人類的使命比世間的一切都更加超脫。一個因公廢私、忘我工作的人，倘若對他精神生活上的需求進行滿足，他就能感受到無比的快樂，這是他們真正的生活。這樣崇高而偉大的人就算不給他們報酬也無關緊要，這包含世間一切，甚至金銀珠寶，只要不貶低他們看重的教師事業。由於他們要對人的身體的健康發展進行維護，因此他們就成了中間人，成了槓桿，成為追求精神財富的必要條件。對於教師本身來說，這根本什麼價值都沒有，對他們而言，有無價值也無足輕重，無論一個人窮還是富，其根本是要看他對貧困和富有所抱的態度怎樣。然而因為在當今社會中教師努力為他人創造財富，又對人們的生活進行引導，而且對真正的智力培養又進行了積極的推動，這就理所當然的引發了那些空想主義者錯誤的判斷了教師本身的價值。對於世間那些財富而言，占有一定數量不過是歸類於時間上的福利問題而已，誰不將現實的家務、衣食放在心上，誰就會難以避免的要栽個跟斗。但我們還是希望我們的教師能夠保持「安貧樂道」的美德，也只有如此教師才不會輕易氣餒，才會既來之則安之，精神上的槓桿才不會鬆動。

　　我的少年朋友們，我如今要問你們，在這個世間你希望做

什麼樣的工作呢？—— 但我並不需要你在這裡馬上回答，因為我對你很了解。也正是因為我對你願望的讚賞，所以我只好在此處提醒你注意那些能夠保障你達成你願望的方法和方式。你可以思考一下，你要依靠哪些方式才能獲得衣、食、住、書籍和朋友，還有剩餘那些能夠維持、增強身體甚或鼓舞精神的東西。你理所應該要為那些你自己渴求獲得的東西而加倍努力，僅僅是這樣微薄的收入如何能夠確保你獨立自主的地位？因為沒有獨立自主就很難說得上是一個勤奮而有教養的幸福之人。況且你的心裡也非常清楚，在如今這樣一個關係錯綜複雜的社會，教師的社會地位並不高。—— 請務必注意，人倘若失去最大的動力，僅僅是出於自愛，他就必須要加倍為他自身的培養操心。事實上沒有任何一個小市鎮會拒絕尊敬那些有教養的高尚之人，倘若誰一旦收穫了周圍大部分人對他的尊敬和信任，這個人就很難再會缺少那些他需要的東西。每個人都妄圖一點點提高自己在社會上的地位，年輕人也一樣希望能夠平步青雲。所以說不會有人願意錯過那些表現自己而贏得提拔的機會。何況你，我親愛的朋友，倘若你要將你的教師地位一直保持住，你需要嶄露頭角，並做出尚佳的貢獻，時間久了，你就會不斷博取你周圍人的尊敬和信任。事實也確實如此，只有真正進行自我培養的人才能保持住他們教師的地位。所有人都應該在教師甚至教育家的職位上不斷進行自我培養，只有收穫一番成就才能將教師的地位鞏固。事實上教師的職務是一個整

體，應該由最有才能的人建構，整合為一個團體。就現在而言，教師的團隊並未形成一個具有大範圍合法權利的社團，但毋庸置疑，教師中每個成員都組成了大鎖鏈上的一環，所有教師都要保持團結，把共同義務承擔，以完成國民教育（根據國民教育的基礎）這樣一個重大的任務。一個沒有用的環節，一個並不合格的教師，不僅僅會損害他學生和他本人，還會損害教師這個無上光榮的職位，甚至會阻礙教育事業的積極發展。這種教育事業的積極發展，首先是靠的就是全部教師的辛勤和努力。「天助自助者」這句著名的格言非常適用於教師。只是我們在這裡說到的幫助是指進行那些真正的自我培養與自我教育。

要是你並不需要我在上面提到的增加你熱情的那種動力，不需要那些熱愛真正的自我培養的不懈動力，要是你對教育事業一直能保持純真的熱情，自始至終奮鬥不息，那我本人可是非常高興的。只是我們現在談論的是生活的任務這個極為重大的問題，我們是切記不能脫離自我教育這樣一個崇高而偉大的任務，沒有任何一種目的能夠比整個人類與教師的自我培養和自我完善的目的更加偉大了。

相信讀者肯定能理解，這一章所提及的指導並不適用於一般人，而是闡述一個與教師工作息息相關的原則，為教師及那些有志向成為教師的年輕人指出要怎樣提高自己的知識水準和教學技巧的問題，在每個不同的專業教學中選擇何種教學方法和教學方式的問題。這對那些指導教師工作以及需要這本書作

為參考的人將大有裨益。從下面的第二章起我們將討論並說明
要怎樣累積知識，怎樣讀書，怎樣吸取精華，去其糟粕。我希
望提出的這些意見、願望及建議可以收穫預期的優良效果。

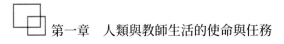 第一章　人類與教師生活的使命與任務

第二章

在哪些條件下讀書能夠提高智力、判斷能力和增長知識？

　　本章可以給那些教師或有志向當教師的人提供一個教師培養理論的指南。僅僅這一個問題就能夠論述為一本專著，而最終實踐上遇到的問題更是遠非筆墨能夠寫透澈。所以說我們在本章裡也只能首先談論一下判斷力、增長知識和學習方法這些問題。要想在學習本章時能夠有所收穫，切記不可走馬看花的瀏覽一遍，應該有目的的去學習那些至為關鍵的段落。所以本章的主要內容就是說明怎樣提高判斷力和增長知識的方式和方法，闡釋增進教師智力的最有效方法，解說教育論文的學習方法。這是因為要想摘錄一本書或一篇文章中的學習心得切不可僅僅依靠書籍，還要憑藉讀者來進行取捨的方法，這其實不言而喻。現在我們就開始談論這個主題。作為第一個條件，我先就培養智力提出下面幾點看法。

第一節
具備熱愛真理的條件

　　在第一章中，我們已經說清楚了只有全身心的大公無私的熱愛教育這一事業，才會引發真正培養的目的，而並不僅僅是追求生存之計。特別是針對智力上的培養，更是要以追求真理為必要前提，客觀來說，培養智力需要和探尋真理一同進行。誰去探尋真理，誰就需要絕對的專心致志，對真理要推崇敬畏，內心則充滿著渴望，以探尋真理為最高樂趣，收穫真理如

獲至寶，對它深深的崇敬，為它全心全意的服務。探尋真理的前提就是大公無私，在探求真理時切忌主觀片面，更不能亦步亦趨。我們不要管真理是否對我們有利，不管與別的含義是否一致，不管最後產生怎樣的後果，都不能夠患得患失，這對那些備受真理鼓舞的人來說是非常重要的。這樣的要求非常高，但卻是極其必要的。這是因為真理只會出現在那些追求真理的朋友中，真理會提供住所給他們，每時每刻都會祝福他們。有的人心懷不軌，他們往往掛著探尋真理的招牌，做著不可告人的事，營私舞弊，自私自利，真理成了他們的僕人，可以憑著心情驅使，最後只能適得其反，他們會被真理永遠鄙棄，真理不再理睬他們，最終拂袖而去，他們這些人最終只能落得個灰頭土臉的下場。探尋真理，熱愛真理是那些心靈純潔高尚之人的最為可靠的象徵。我們始終堅信，真理與靈魂的固有食物等同。真理，也只有真理才會真正將人類美化，甚至聖化，就某個角度來說，真理能夠改造我們內心的主觀真理，倘若我們能夠把真理變成我們自身的精神財富，那就沒有任何一種塵世財富能媲美真理的價值和尊嚴。倒是那些虛偽、欺騙以及妄想、偏見、迷信甚或是人類的惡魔這樣的詞語，就連最為凶狠的敵人也只好迴避。簡單來說，堅定的信念支持著人類，去抓住一切機會探尋真理，以自身所有的聰明才智和感情意志，全身心的為真理服務。因為在這個世界上真理擁有絕對的統治地位，而與受隸屬的奴役地位毫不相干。誰只要對真理的本質和偉大

有了清晰的認識，並不需要什麼論證，不過是單純的追求真理，接觸真理的過程就會讓這個人感受到莫大的幸福。這與人類自身的觀念息息相關，與人的精神本質密不可分。所以我們對教師有全身心的、大公無私的熱愛真理之要求，將終身奮鬥作為自己的理想，這完全是為了認識真理的聖潔與偉大——探求真理的最基本的條件即是熱愛真理。然而我在前面也說過，僅僅是熱愛並不足夠。地球的表面不會飄浮真理，人們很難十分輕易的將它占有；而且真理並不會被限制在特定的範圍內，真理不會被保存在匣子裡，似乎只要霸占了匣子的鑰匙就一切順利；人類的嘴裡、書本上甚至闡釋真理的文章中都不會發出真理真正而純粹的聲音，似乎任何時候都能夠想拆封就能拆封，想理解就能理解，想展示就能展示，換句話說，要想得到關於真理的判斷能力和知識，就務必做到以下所說的一切。

第二節
探尋並檢驗真理和假真理

在這個世界上，只要是探尋真理就要允許百家爭鳴的存在，允許各式各樣的觀點、見解和解釋存在。雖然真理最終只能有一種解釋。同樣的，沒有任何時代能夠完完全全的占有真理，當然也沒有任何人能夠完全徹底的發現真理的意義。所以說探尋真理就應該以檢驗那些展示給我們的真理為必要前提。

探尋真理包括兩個方面：一方面是探尋我們本身生活中的精神內容；另一方面是檢驗他人提出的真理的內涵。不經過檢驗的真理不會在人的心靈中產生活力，更不會生氣勃勃。真理不會在人類的消極與死寂中受胎，更加不會降生。真理應該由我們的內心主動的變換為清醒的認知，並且與清醒的認知相互融合。所以萊辛（Lessing）對此表達為：「倘若讓我一隻手抓住真理，另一隻手還在探尋真理，在我看來，我是一定會捨棄前者而追求後者。」況且依照《使徒行傳》也要求：要對一切進行檢驗！不經檢驗的任何事情，不知我們探討的精神，我們經由聖靈所啟示的思想到底是不是出自上帝的金口玉言，只有經過真誠可靠和源於對真理的熱愛的檢驗，真理才能一點點成為我們自身的財富。然而很多時候我們常常會感到被這樣的人吸引，他們焦急的催促我們對他們所謂的真理進行研究，而我們呢，想方設法的迴避他們，可他們仍舊死心不改的糾纏我們。他們只會強詞奪理，在我們當中釋放偏見和不和，豈不知他們只是搬弄是非、口是心非罷了。由於只有在真理的檢驗中才能收穫真理，因此真理只會存在於檢驗之中，經過檢驗的真理才能將那些謊言和妄想消除。那些因此就恐懼檢驗他們這些所謂真理的人，不可能成為真理的朋友，甚至會成為真理的敵人。大部分人都是通情達理的，誰會無緣無故的吹毛求疵，指天怨地，誰要是自居為權威，誰就會遭到唾棄。在探尋真理的過程中誰想要不勞而獲，坐享其成，誰就將失去所有的一切。所以說，

那些消極的、空想的、未經檢驗的原理，與胎死腹中的嬰兒無異。因此要樹立堅強無匹的信念，追尋生活和思想的獨立自主，我們只能付出自己的艱苦努力和勞動。沒有人能夠為他人動腦筋，對於別人辛勤得來的研究成果我們只能借鑑，發揮作用也不過就是「他山之石，可以攻錯」。確實如此，一個真正對真理和教育規律瞭若指掌的人在不斷的研究和探索中自會感到無比的快樂。就其活動的認知而言，這些人的精神生活正在於研究和探索。

這樣就產生了一個值得思考的問題，我們要採用怎樣的方式方法來對真理進行檢驗和研究呢，這個問題非常非常重要。

首先人類都具備感性認知，之後由經驗中獲得來自精神的真理，並對這些真理分門別類。當然像點火、水引起潮溼這樣最為普通的現象，都是感性認知的一種，這是毫無疑問的。但正確解釋那些來自於精神領域的真理卻沒那麼簡單，儘管也許感性的直覺認知能夠用來解釋這樣的問題。我們如今能夠用另外一種簡單的方法來解決這個難題。我們依靠自己熟悉的意見、觀點、判斷和設想來對每個新出現的原理進行檢驗，為了檢查出這些新原理是否與已知的舊原理相符合，我們可以先判斷一下我們正要檢驗的原理內容是否是來自自己精神中已經確定的真理，並且我們要依靠下述幾點來判斷問題的對錯：

1. 一個被認可為正確的原理，倘若與很多同樣被認為是正確

　　的原理相互衝突的話，那麼這個原理不可能是正確的（被認
　　為是錯誤的）。

2. 一個與別的正確原理關係緊密的原理，倘若這些正確原理
　　最終被否認的話，那麼這個原理一般都是正確的。

3. 所有從正確原理正確指導出的原理，一般都是正確的。

　　所以能得出，為了檢驗每個新出現的原理，我們自始至終
都要以我們已經認可為正確的原理為基本準則。那些被認可為
正確的原理為我們的判斷規定了一個尺度，這個尺度就是我們
用來衡量出現的新原理的標準。理所當然的，只有那些特立獨
行的思想家才會窮根究底一個原理，並依靠思考方式的特點來
對這個原理進行比較。對新出現的真理進行判斷要完全遵守一
個尺度，換句話說就是要完全依靠我們的信念。倘使說我們的
信念出現一點點偏差或是全部錯誤，那麼毋庸置疑，大家不會
再相信我們的判斷，於此同時，我們對真理的檢驗工作也很難
提供出任何較為可靠的研究成果。一個人倘若到了精益求精的
地步，他生活上的豐富經驗和教學經驗都能將他的精神世界大
大充實，到了那時，他的精神內容便愈加豐富起來。依照目前
檢驗能力的成熟度而言，與生俱來的特質和發展成熟的差異往
往決定於精神世界的深淺。誰能夠幸運的享受教育，誰的精神
世界就能夠獲得各式各樣的鼓勵，那些接受教育的人能夠收穫
至關重要的、具有非凡意義的真理總合。他們這些人總是比別

人更加容易處於領先地位，其他人受過的有限教育往往只能滿足他們一些小小的要求，他們的培養充滿了偏見與迷信，但最後卻反而占了大便宜。對於這些人來說，他們獲得了健忘和荒廢的能力。任何人都不會因為缺乏這門荒廢能力而感到失落。那是因為所有人的身上都或多或少都帶有各式各樣的錯誤觀點、意見和偏見，從稚嫩的青春期到成年時代。我們大家如今都要來認識一下荒廢的藝術。荒廢自己學得的知識比學習那些新知識還要更加困難。人的精神在這樣的情況下與一片荒地無異，每時每刻這片荒地都期盼著人去開墾和播種，對我們所有人來說，精神就如同一片田地，在這片田地裡生長著無數的荊棘和飛廉屬植物，這裡荒草叢生，人們想要播種這片田地之前，就必須靠著自己的辛勤勞動根除這些雜草。倘若我們對荒廢這門藝術毫無所知，就難以消除那些繼承下來的忠誠和信念的傳統，就難以消除那些陳舊觀念和偏見。這往往存在於孩子的稚氣所特有的特點，偏見非常多，我們的大腦裡就充斥著這些五花八門的錯誤觀點，然而我們恰恰需要利用的就是已經習得的每個新的真理內容。譬如說，一個人從小就接收了那些位高權重的前輩口中說的「穆斯林是一位可靠的預言家」這句話，這個人在他後續的成長中就將這句話牢記在心，一旦到了關鍵的時刻，他反而會對反對這句話的那些評論不當回事。這種情況往往是在少數人身上發生，在一個並不相同的環境下發生，或者是在一個與眾不同的天才身上發生，只要一線希望尚存，

這種人就可以隨時把偏見消除；還有另外一種人，從青年時代開始他們就在父輩、教師或是其他著名人士那裡接受薰陶，最終讓這樣一種錯誤的信念得以滋長。就覺得所有格言都是極為可靠的真理，倘若使用這種錯誤的觀點去判斷真理，那麼這種人最終很難會堅持對真理的檢驗，他們只能分不清青紅皂白，無論是哪一家的格言，無論可靠與否，無論是否存在爭論的意見，他們都全部看作是真理。所以說，我們窮盡一生的所有深造不過取決於那些意見與觀點是否正確，而這樣一些意見和觀點我們基本都來自於青年時代。所以本性和特性具有同樣難以估量的重要性。你會明白，不管是強者還是弱者，都要擺脫掉那些陳規陋習，而要擺脫那些因循守舊和偏見又是極為痛苦和困難的，要知道我們這些人也曾對這些偏見極為寵愛，這些偏見與我們的精神成長曾經一同滋長：為什麼那些人會一直因循守舊，固守他們的偏見，偏見之於他們就如同母乳一樣肆意汲取，為什麼那些人會以偏見作繭自縛，迷失了心竅？現在我們都會對這個道理感到深深明白。只有經過思想上的抗爭，只有秉持大公無私的愛，一個人才能從他精神的奴役裡解脫出來。這就需要借助大丈夫的無畏氣概，堅強不屈的信念和持之以恆的精神寄託，我們在這裡舉一個實例。歌德（Goethe）曾做過生動的描述，關於精神的快樂和充滿生氣的奮鬥進而忘掉一切，沒有人能替代自己去奮鬥。

　　要想將精神變為物質財富，其途徑就是艱苦奮鬥，自力更

生，用自己切實的行動將精神占為己有。人們能夠打扮自己的身體，使用那些千奇百怪的東西，這些東西可以是金光閃閃的首飾，也可以是綾羅綢緞和金銀珠寶，但要發揚自己的精神，就只能腳踏實地的進行自我培養。特性發展成精神，也可以遺傳給精神，甚至要透過其他因素轉移給精神，這本身就是一種極為矛盾的思想。所有不來源於自身、不產生於自身的精神，其本質都是不存在的。關於這一點，蒙台尼（Montaigne）曾經說過：「人要想變得更加聰明，只能透過自己的聰明才智。」

　　所以說，我們要建立自身的檢驗工作的權利與義務的思想，這對那些立志自我培養的人而言，意義極其重大：思想懶惰之人總是依靠別人為他進行思考和研究問題，而一個思想積極活躍之人終身都能夠孜孜不倦的思考和學習，獨自研究問題。我們務必要徹底摒棄偏見，務必從最原始的美中探尋真理的純潔和光輝，這是與人類莊嚴的使命相一致的。摒棄一種妄想比收穫一種真理還更加重要，沒錯，是更加重要。在這樣一種情況下，因為已經將沉重的枷鎖擺脫，將幼稚與奴役解放，其精神能夠感到雙倍的滿足。恢復健康的滿足要比增強健康的滿足強烈得多得多，誰能夠從監牢中釋放出來，誰就能加倍感到自由的幸福和可貴。在這裡順便說一下，在一個人的一生中誰都避免不了會犯錯，誰都不會故意拒絕接受那些新鮮的事物。人的力量總歸是有限度的，但知識卻是沒有限度的。並且誰都無法痴心妄想憑著一個觀點就能解決其一生中全部的疑問

和奧祕，追求一種一勞永逸。曾有人說過：「你在研究的課題，是無法讓人替代研究的，也絕不能讓其他人替代你去檢驗，絕不能讓他人代替練習。」這確確實實是一個畢生的使命。將對真理的渴望變成不朽的精神食糧，去解決以上問題一定能夠減輕你身上的負擔。

接下來我們來論述第三個問題。

第三節
建立科學研究，進行多角度的觀察、應用與練習

過去人們總是錯誤的覺得，只有那些學者才有資格讀書，才夠資格研究學問，至於普羅大眾，包括那些國民學校教師（很遺憾，教師也在其中）只夠資格學習，只有資格使用自己的一點微末知識。這其實完全是一種對教師這個職業的片面的偏見，完全理解錯了培養人的本質。當然我們現在提到的是具有一定水準的見解。至於剩餘那些拙見，就讓它帶著那些陳規陋習、機械理論和精神奴役的尾巴緩緩爬行吧。所有教師都需要研究關於人的培養這一門普通學科，除此以外再進修那些教師應該學習的理論和資料。也即是說，所以教師都要自覺的獨自思考，要懂得個別真理和真理之間的關係，且更加深入的研究這種關係和人的思維間的關聯。以上所說的一切都是窮根究底

認識知識、理解知識的必要前提。認識就是依照知識的來源，依照各個知識間的相互關係，辨別和判斷其是否正確，只要認為是真知就能夠隨意論證、採納和使用。現在到處都渴求那些信念堅定、判斷力強和學術造詣深湛的有教養的人。這是由於培養的內容並不僅僅是知識面的寬度，同時還要深挖知識面的深度，也可以說是知識的深度。進一步來說，培養的內容還要全面包含研究一門學科的知識總和，進而上升到精神財富的高度，囫圇吞棗的學習很難會有收穫。所以大家寧可去進行必要的專題研究，也不願意倉促間從一個專題猛的轉到另外一個專題。所以大家寧願用 20 個小時甚至一整天的時間來對一個專題仔細研究，也不願意花上 1 個小時或是一整天的時間來對 20 個專題進行鑽研。因此我們要從所有的知識領域中確定一個專題，鑽研一個真知，心理學的也好，智力的、道德的或是倫理學的也可以，理論方面和實踐方面，還要做到理論與實踐相結合，練習那些相互關聯的觀點。練習，可不是件容易的事！之後再把已經獲得的真知應用到實踐中，運用到自己日常的生活中去，並且經過長期觀察，來檢驗這種被發現的真知是否能夠承受住時間與實踐的檢驗！這也並非說這樣一種真知是不是能夠站住腳，我們無法支配穩定，不穩定的真知也不能就歸類為錯誤的學說，熱愛真理要勝過愛好穩定。失去了疑問和爭論就不再有堅定的信念，失去信念對那些純真而誠實的人來說就很難談到穩定。—— 又經過一定時間再把經過生活實踐所檢驗的

真知運用到具體的社會生活中，去檢驗這種真知是不是全面依照人類的準則產生的，是不是能夠促進公共設施和社會機構的發展，是不是能夠為大家帶來福利，是不是能夠在社會各個方面推動進步！「就你們的成就而言，你們需要正確的估價真知」（來自萊辛的名著《智者納坦》〔*Nathan der Weise*〕），成果的收穫不僅僅是人的價值發生了作用，真知也產生了一定的作用。

　　下述這些要求就是對智力進行培養的至關重要的條件：熱愛真理，以嚴肅認真的態度對真理進行檢驗，要徹底而全面的對你所研究的課題進行鑽研。想必每個人都會贊成這個要求。承認這一要求是容易的，但要滿足以上這些要求在現實中是十分困難的。對所有正在茁壯成長的年輕人來說，熱愛真理是做好一切的必要條件，當然熱愛真理的年輕人並不少見。然而，對於以嚴肅認真的態度檢驗真理這個要求 —— 牽涉到一個十分棘手的問題，那就是這個人的能力大小並不確定，現在的課本幾乎不會提及這個問題，這是由於一個人的能力大小往往是針對這個人能力的發展來說。教師需要率先教會學生那些檢驗真理的方式和方法，教導他們怎樣判斷真理，這樣學生就能夠模仿著去判斷。教師需要鼓勵自己的學生討論甚至質疑真理，鼓勵自己的學生勇於調查研究，並對這一目的懷著渴求的態度。在現實世界中也常常會出現這樣的傾向，很多青少年更願意接受那些他們熟悉的思想，而對那些外來的較為陌生的思想望而生畏，甚至他們一接觸到那些和自己想法有所不同的意見就急

火攻心，於是就胡亂的爭論一番，而不會冷靜的坐下來對這些不同的意見進行一番客觀的分析和鑽研。好吧，我希望所有讀到本書的每個年輕人都能夠冷靜下來檢查一下自己，你是不是也犯有一樣的毛病。至於這些年輕人，當然是羽翼未豐，涉世不深。── 切記不可自以為是，千萬不要眼高過頂。你們要下定決心腳踏實地的做一番嚴肅而認真的分析和鑽研工作才是。

　　以下這些簡短的建議儘管相對不那麼重要，但也值得你在學習和備課時作為借鑑和參考！

第四節
幾點學習建議

學習要抓住重點

　　在你將要學習的每個教學專業的專著上多下苦功，也可以說是要注重學習那些有爭議的但卻具有獨到見解的問題的文章。

　　切記先不要查看百科全書裡的詞條和訓誡，看那些期刊和雜誌也不要潦草的瀏覽一遍，要專心閱讀你將要學習的那些專題論文！教育專刊的內容也是很好的，對於激發和振奮我們的精神和鬥志十分有幫助。只要這些讀物能和生活相結合，能與具有朝氣的大眾有關，去聽聽或是看看我們所處的這個時代的一些社會上的現象也沒什麼不可以，雖然這些現象看起來並

不重要，但由於和我們的時代有關，對我們而言也多多少少有些利害關係，能夠為今後的學習和生活累積一些可供參考的資料。但期刊和雜誌不能看得過多，否則會占用我們很多珍貴的時間，同時還會讓我們的思想變得膚淺。一個人成天就是看雜誌或是報紙，其餘的時間無所事事，就一定會影響自己的學習和進修。教育上的專著是十分可口的家常飯菜，而雜誌和報紙不過是星期日或節假日的偶爾消遣的零食而已。這真可以算作是勤有功，戲無益。

集中精力攻讀

就如同教學法規定的一樣，課程要講究循序漸進，但非常遺憾，迄今為止人們還沒有足夠的重視這種循序漸進的教學法的重要性，同時在遵循這種科學的教學法時也總是會遇到數不清的困難和阻力，所以我們在完善自我培養時要特別注重這種循序漸進的教學方法和學習原則。一曝十寒，三心二意的學習方法最終會讓一個人的身體和靈魂損害。只有飽餐可口美食才能讓人的發育加快，功夫要用在刀刃上才行。一同學習多門學科，看起來兼收並蓄，卻會造成貪多務得的惡果，這能發揮的作用不過是換換胃口而已。

學習要扎實

初讀一本書時就要徹底認識和理解那些段落的意義，徹底

理解每個概念的內涵，倘若有些地方看不透澈，就要在那些模糊的點上多下苦功，反覆思索，反覆鑽研，融會貫通，直到完全掌握為止。

　　這種由個別現象到整體思路的理解過程，往往是最好的讀書方法。那些優秀的作家在自己撰寫的專著時也會遵循這個原則：與人類思想的發展特點相符合，與從個別的、通俗易懂的、直觀的，向整體的、深刻的和抽象的發展這一原則相符合。在那些傳統的（所謂的）科學論文寫作中往往採取並不一樣的寫作方法，有些則是從系統和普遍原理這一原則出發。但這些文章並不是針對我們所處的教育界的讀者所編著的。倘若我們在閱讀這樣一些科技類的文章，那麼我們首先要做的就是理解文章的大綱，特別是要注意文章的目錄，可以快速領會章節的布局情況，素材的分布情況以及整篇文章的脈絡關係。這樣對於我們進一步的通讀全文極其方便，並能夠讓我們從作者的邏輯思路中收穫有益的啟發。我同時要提醒大家，在沒能完全理解文章的內容之前，切記不可繼續向下讀，但在拆解與掌握文章時也需要有一個限度，一旦超出限度，就不要再向下延長。難以否認的是，人們有時也會為了一些極其微小的、囿於細節的描述耽擱很長時間。除了讀者個性外，我們還要考慮到所有人的注意力，這當然要根據文章涉及的專業和專業論述方法來確定。哪個段落的上下文連結緊湊，上下文的布局脈絡越富有邏輯性，哪一段就越需要著重理解和領會，我們就越需要在這樣

一些段落上下苦功，比如對於數學文章的閱讀就需要如此。在別的領域裡，文章中前後文的脈絡關係有時也不會太緊密。所以在我們讀這些文章的時候要注重學習方法的靈活運用。有一點非常重要，在學習上，千萬不能知難而退，應該知難而進，學習如逆水行舟，不進則退。那些昔日的模糊的地方會在後續的學習中突然頓悟過來，就如同中午的陽光將整個上午的晨霧刺破一樣。不管是哪個作家還是哪篇文章，想要一次性的解決所有的疑問和困難都是不可能的。面對這種情況讀者就應該刻苦學習，徹底領悟每段甚至每句的意義，而且不僅僅要理解的某個段落的意義，更要弄清楚各個段落之間的來龍去脈，這要當成是讀書的規則明確下來。「誰判斷得好，誰就教授得好」這是一條古老的格言。為了把教學課學好，需要先學會分辨是非。只要是頭腦清醒、邏輯思維縝密的人，都會非常惱火於那些看起來似是而非、首尾兩端的文章，本來幾句話就能夠說清楚的事實，卻一定要天花亂墜的贅述一番。當然了，文章是否清楚會存在著不同程度上的區別。並非要求全部文章都能夠像數學那樣保持清楚簡要的結構。倘若誰對那些是非不分、雲山霧罩、飄渺沒有實質的俗語（其實現在一般認為俗語是一種程度的象徵）感到有趣，並且又用許多歪理進行理解，甚至是牢牢銘記在心，又向他人以訛傳訛，這是徹徹底底的誤人子弟。只有燦爛而溫暖的陽光才會對植物世界和人類精神與心靈的發育產生促進作用。所以在這些方面，我們的啟蒙工作任重道遠！你

可千萬不要被近些年來有人喜歡張揚的「臭名聲」這個詞嚇倒！千萬不要對自己產生懷疑，要確切而果斷的表達自己的精神追求是多麼的光明磊落，多麼具有發展前途，而且這樣的精神追求完全經得住考驗。你也千萬不要被人愚弄，切忌聽信那些對啟蒙工作的蜚短流長，也不要聽信那些對啟蒙時代的謾罵與讒言，更不要相信那些對所謂「啟蒙家」的無數種無恥的誹謗！弗里德里希（Friedrich）所處的偉大時代就是理所當然的啟蒙時代，他本身就是這個啟蒙時代的至高無上的王。我們到底要如何感謝他，還是並不感謝他呢！在德國任何地方都不會沒有他，在普魯士哪裡會沒有如此一位出類拔萃的人物呢？從上述情況能夠看出來，灌輸一大堆的知識並不是培養的真正目的，完全理解所學的專業才是，我們就要依靠這些專業知識來把人才培養。所以我勸你多去做一些你真正需要的研究工作吧。在這方面蘇格拉底採納的態度與詭辯學家無異，他的看法與詭辯學家一樣，凡事毫無具體的著眼點。但也許在這點上蘇格拉底比那些詭辯學家還要稍好一點，他知道他的無知，是什麼讓詭辯學家遭到蒙蔽，或者詭辯學家自信自己知道些什麼，然而其實質卻是毫無所知。事實上僅僅是這個覺悟就比很多詭辯學家的認知超出許多了。我們要引以為戒蘇格拉底這樣的例子，要常常反思往日裡的那些模糊思想和概念，去反思一下自己在不同時期的思想發展狀況吧！或許有一天你會從一個完全相反的專業領域裡獲得啟發，你突然變得心明眼亮，將你過去所有的

糊塗思想一同克服。誰要是曾經享受或體驗過這樣的（知識的）意外收穫，他一定不會再懷疑自己的最大努力是否能獲得成功，不會再對自己能否洞察一切持懷疑的態度了。人被天命賜予力量，人能夠達到知識與聰明的高度，這種高度指引著人們去體驗真正的生活。整個人類和每個個人都承擔著讓聰明之光照亮自己的使命。在你們面前，真理光芒璀璨照耀之下，那些妄想與謊言組成的煙霧終將消失匿跡。「前進」將成為你永遠追隨的口號！

溫故而知新

著重學習主要作品和內容更加豐富的重要期刊。

在有些時間裡，我們很難一下子對一篇文章的全部內容完全掌握，很難馬上潛移默化進自己的心裡，也無法區別那些原有的特點和原有的奇特點。我們總是缺少看文章的時間，或者思路總是開闊不起來。所以在不同時期內即使閱讀的是同一部作品也常常會產生並不相同的感受和體會，閱讀那些思想內容博大精深的作品就像挖掘一座取之不盡、用之不竭的金礦一般。因此有些學者在閱讀荷馬的史詩時，只要是自己非常欣賞的句子或章節都迫不及待的用筆劃線，將其標記下來，然後只要有時間就反覆閱讀推敲，最後甚至會整句整段的劃線標記。施瓦茲（Schwartz）在這些方面完全有資格為我們提出忠告，在他看來，康德的《實用人類學》（*Anthropology from a Pragmatic*

Point of View）是我們用到的文獻中教學內容最為豐富、趣味性最強的一部作品，人人都應該每年讀一遍這部作品。因此大家開始躍躍欲試，果然都從中收穫良多，這樣的作品只有讀上兩、三遍後，才能夠真正的體會到常看常新的美妙之處，才會發現到過去閱讀時疏忽了如此多值得思考的思想內容 —— 這進而有力證明了我們的思想是如何向前邁進了大大的一步。倘若不是三心二意的讀書，堅持下去，那麼我們的知識與才智都會得到大幅的發育成長。精神的本質是一個單元，各式各樣的智力是由諸多抽象概念構築起來的，而思考功能的全部理解能力是由思考功能發散的不同方向最終匯集起來的。每當其中一個方向增強，其全部的思考功能都會得到增強。就細節方面來說，能夠有效提高理智、判斷力和思考的活動能力。努力發展其中一個方面也會帶動其他各方面一同發展，其結果總是能有利於整體，也正因如此，就如同有規律的提高一個國家機構中其中某個部門的功能與地位，與此相對應的就是整個國家的健康與力量也一同獲得了增強。也可以這樣說，對於一個民族的整體教育，要一點點採取逐漸統一而相互協調的步驟，這個整體中所有受支配的一部分都要由同一個泉源中汲取民族的精神生活，之後再返回到同樣的這個清新的泉源中去。每一個終日抱著文獻苦讀的人，其心中都會有自己崇敬甚至崇拜的作家，—— 這些作家，我們特別慎重的和他們和諧相處。我們要不厭其煩的來到這些作家，也即我們可靠的朋友身邊。每來與

這些作家相聚，我們都會感到一次全新的喜悅，進而深深體驗到往日裡未曾真正發覺的珍寶 —— 這又進而證明我們的思想又同時向前邁進了一大步！這種進步的歡欣鼓舞不是能夠讓我們回味無窮嗎？拿出勇氣，把我們的年輕人喚醒，把我們的教師喚醒；拿出勇氣，要永遠堅定而自信，你們一定會發現真理，認識真理。不單單辛勤勞動需要拿出勇氣，甚至勤勉的學習和思考也是需要勇氣的。所以大家要勇於學習某一專業的主要作品和專著！唱讚詩和祈禱是宗教的一種，思考也一樣，「培育精神即是宗教」。

邊讀邊摘錄

　　對於那些與你所學專業關聯不那麼密切的文章，可以邊讀邊摘錄，抄寫在筆記本上。

　　這種文章一般都和教育專業關係不大 —— 因為大家通常都將這些書籍丟在一旁一一這些書的內容往往沒辦法直接推動我們的事業，因此你要將它們送給你的朋友也沒什麼不可以 —— 倒是我們德國古典作家的著作，我們可以有目的的部分選用。因為所有有教養的德國人都要從這些著作中汲取精華，振奮精神一一和這方面有關的書籍，我們都能從朋友那裡借來讀個兩、三遍。倒是那些我們認為有保存價值的個人雜感筆記，倘若一時用不上，可以分好門類編進彙編的冊子裡去。和日記本有關的安排 —— 情況有些不一樣，像旅遊日記一一我可能說得

也不對。一個男人的事業應該是有朝氣的、積極的而健康的，絕不可以犯那些世俗的毛病，也就是虛榮、傷感、無病呻吟、自高自大和自吹自擂，這些毛病都會將一個男子的健康精神嚴重損壞。但是我們倒可以隨時記錄下那些奇特的而有趣味的觀點，以備有需要的時候使用，防止片面的思考問題，防止不動腦和粗心大意的看書，這應該是一個十分有益的勸告。實際上德國的許多著名人物都一直保持著這種嚴謹認真的讀書態度。我們從不相信那些天才都是取之於己，用之於己的。所有勤奮好學的人都能夠做到古為今用，今為今用，儘管天賦異稟，這些正是用來使我們所處的時代振興的。每到休息日或是其他閒暇的日子，你完全可以坐下來聚精會神的好好思索自己的學習心得，對自己所收穫的精神財富做一總結。並且要隨時隨地將這些寶貴的精神財富在筆記本上記錄下，以此來不斷充實自己的思想，同時還要對這些精神收穫進行深刻的自我探討，或是和其他人交流思想。倘若一個人長時間的用群體的力量來探討自己思想上的收穫，那這個人的思想就會變得越來越成熟，越來越完善。這種源自思想進步的喜悅無論能夠持續多長時間，都不會讓你忘乎所以，而不去探尋自己的判斷力已經漸趨成熟。人們都是以這種已經成熟的判斷力來審視事物，就像一個人在山峰頂上下山，小心謹慎的、目光灼灼的俯視著那些不太起眼的一個個高低起伏的小山坡，俯視那些在登山過程中一步步攀登過的艱險斷岩和懸崖峭壁！人們都是這樣一點點攀登到

人類的頂峰，憑著上帝賜予每個人的力量大小，逐漸接近盡善盡美的目的，慢慢發育成熟，踏入那個路燈長明的區域。

進行思想交流

建議你在學習教材時尋找一個志趣相同的朋友和幾個勤奮好學的學生，一起備課，仔細研究和討論教材的內容。

倘若要讓教育事業真正繁榮起來，學習、思考、調查、研究、教學和練習都要結合為一個整體。也可以這樣說，思想深刻的教師需要先完全掌握教材內容，並將其牢記在心，在需要進行授課時可以有備無患，有條不紊，講得頭頭是道，明明白白，讓學生聽過就能明白！這就使得這些教師必須下一番苦功，從多個角度去觀察並深入探討教材的內容，直到完全掌握為止。學到用時方知自己的淺薄，只有在授予知識的教學實踐中教師才會真正明瞭自己知識面的漏洞和不足。一味自己苦思冥想，理解的教材內容也只能是片面的。我們相信，只要進行全面的備課，就一定能夠全面掌握教材內容。也只有我們本身認識到授課的重要性，進行因材施教的重要性；只有我們能夠聽進去反面意見同時又能把對方駁倒時，我們才可以透過師生間的互相影響將教材的品質拉升到一個全新的水準。所以說，那些教書經驗豐富的教師只要有機會就會將自己的思想以響亮的語言表達。在紙上寫下自己的思想並不困難，而用語言表達自己的思想則需要很高的口頭表達能力。言為心聲，說話生

動，思想也當然能夠隨之生動起來。因此那些正在進修的教師，為了培養自己的智力，到處結交朋友和學生，大家聚在一起，不斷訓練口頭表達能力。這裡又會產生一個相互間的接待和贈言的問題，這種相互間的贈言是針對最大的精神需求與享受所說。人類社會不斷向前發展，總是會出現一些渺小甚微的陳詞濫調，儘管這些陳詞濫調無傷大雅，並不會對人的意志進行削弱，但我們也要以此為鑑提高自己講話的感染力，調節氣氛，駁斥歪論，讓在座的聽眾興趣盎然，獲得滿足感。要是一個人連續幾個小時的演講都能夠鼓舞人心，那麼這個人就做好了接觸社會的準備，為他未來能夠獲得的成就打下了極為良好的基礎。

　　我認為，為了培養真正的智力，大家都要矢志不渝的進行這種關於思想交流的聚會，在期間不斷提高思想，收穫真知。在這些聚會裡也會出現意見的分歧或干擾，這都是十分正常的現象，時候一到自然能夠圓滿解決。事實上這些現象都源於一些微不足道的瑣事，固執己見，好出風頭，自不量力，自居權威。—— 這種自居權威的情況是今年（西元 1848 年）才出現的，進而導致出言不遜，粗俗不堪，所有這些現象本打算借助教師聯合會的成立後得以克服和解決，然而一切都已落空。依照我過往的經驗，教師聯合會成立後一定會有人急匆匆的上臺鼓吹自己的思想，將自己的微末道行當作是顛撲不破的真理強加於人，讓別人都臣服於自己的裁決。同樣會有居心不良的

人，他們聽不進去一丁點反對意見，有些時候還會搞突然襲擊，肆無忌憚的進行個人攻擊，整體來說，一個缺乏事業心的人，不僅僅是個無能之輩，甚至根本就不配成為社交團體的一員，更加沒有資格成為教師聯合會的骨幹。不一樣的觀點和意見能夠引發多方面的討論，用不一樣的觀點去觀察和分析問題還能夠克服分析問題的片面，片面是錯誤和空想產生的根源。而正確的意見一定能夠得到加強和傳播，用彼此交心的方法交流思想能夠鍛鍊出維護自己的意見駁倒不同意見的本領，這其實本身就應該看作是一種極大的精神收穫。所以當今的潮流是允許不同的意見，允許自由發表看法。一位偉大的英國人就曾說過：「誰與我們爭鬥，誰就在對我們的思想進行加強，提高我們思考的靈活性。我們的對手其實就是我們的幫手。堅決與困難爭鬥，能夠迫使我們更加準確的熟悉我們正在研究的課題，能夠迫使我們從多個角度去掌控這個課題。研究工作拒絕半點的馬虎精神，敷衍了事。」—— 言論自由是思想自由的保障，同時言論自由能夠對社會產生真正的價值。失去了言論自由就談不上思想自由。最起碼也是把思想自由大大削弱了。這是因為對一種事務，精神能夠產生的作用往往要比個人自身的作用重要得多。因此要是固執己見，自居權威，肆無忌憚的進行個人攻擊，人云亦云，這具有十分嚴重的狹隘性。年輕的教師應該嚴格要求自己，堅決杜絕這種狹隘性，這是因為社會各個階層都對教師抱以極大的期望，期望教師能夠大公無私，以身作

則，堅持正義，能說善辯，最後才是具備研究能力。並且一個教師還應該鍛鍊自己的口才，抓住每個機會在自由論壇上發表自己的看法和思想，與那些異端邪說進行堅決的爭鬥，而不是為了辯護去辯護，不是為了爭論而爭論，爭論的目的是為了真理。還有另外一種人，他們自認為在思考真知，但卻疏於表達，這是典型的缺乏表達能力，起碼自己找不到合適的表達方式，我們對這種不足要持指責的態度。因為會想而不會表達，最主要的根源就是思路不清。思想和語言就好比精神和肉體，精神活動充實了語言才會跟上，其中缺任何一點也不行。就如同精神永遠無法離開肉體，肉體也一樣無法離開精神。鍛鍊自己的口頭表達能力也就同時鍛鍊了自己的思考能力，並且能夠適當表達出自己的思想。所以在這裡我要勸告教師和有志向成為教師的年輕人，你們準備對別人演講的課題，最好是那些你們準備變成自己精神財富的課題，對別人演講，可以指導別人也更容易，所有這些你們都要在群體活動中去不斷探尋和領會。

掌握學習核心

　　一切統一、和諧、相連、（相對的）完美發展的事物，其中都具備一個核心，這所有的一切都以這個核心為引力。

　　這個核心或是重點就是教師需要掌握的學科或幾門學科，其核心就是教師這個職業。從教師職業開始教師的生命才一點點萌發。在自己的職業和工作要求中，教師尋求著生活上的滿

足。所以教師需要將自己的所做所為，自己的發展和精進，都和自己的職業密切相連起來。在工作和業餘自由時間等方面教師存在著一個主次協調的問題。

有些教師能夠把這個主次關係進行顛倒，用業餘時間來做業務上的工作，他的業餘時間事實上和主要生活職業一點關聯都沒有，當然他也能利用閒暇時間看小說，儘管有些小說實際上對教師的工作不一定能產生什麼幫助。但仍需要堅持增長智力的學習方法。我的意思不是教師不能在茶餘飯後看小說消遣，只是不能漫無目的的打發時間。我能有什麼理由不讓大家去讀暢銷世界的名著呢？但需要保證小說的內容是健康而有益的，是為群眾所喜愛的。我也說過，看小說需要和自己的工作緊密相連起來。

我的個人看法是要選擇那些有積極教育意義且能產生振奮精神作用的文學作品。看小說對於教師這個嚴肅職業而言是有必要的。「大家總不能只會學習」，但是不是讓大家去看書中的那些武俠或是言情的黃色小說來消磨珍貴的時間。對於那些謹慎認真而進取心十足的人來說時間極其寶貴。我在這裡向讀者提出一個十分值得思考的問題，只要教師不再因循守舊，不再墨守成規，而是採用新的觀點、新的方法，在上課時創造性十足的講課（學科往往只有具備創造性才會獲得新生）。那麼就肯定會為學生帶來一股新生的力量，讓學生的學習信心大大加強。如今手藝工人往往會對這種具有創造性的教學方法感到特

別的新鮮，莫名的滿意，這讓他們躍躍欲試，輕鬆愉快——要求換個花樣。與創造對立的是接受能力，一個教師遵照舊的教學法埋頭教學，把自己弄得疲憊不堪，猛的接觸到現代教學法，感到如魚得水，渴望聆聽新事物，然而他卻常常等待觀望，他想要的事情，總是願意讓別人替他辦。怎麼會有這種隨叫隨到的備用朋友？讓替代他的人整日裡死守在書架前，我們自己倒是過得悠閒自得，懶散愜意的打開一本喜歡的新書，鎮靜一下大腦。誰不願意像這樣一樣提提神呢？我們不能光顧著娛樂，也不要總是埋頭學習，我們既要娛樂也要工作，在工作中娛樂，在娛樂中工作。向一個勤奮好學的人提供一種新思想是對他們最好的精神食糧。即使到了風燭殘年赫爾德（Herder）依舊懇切要求：「向我提供一種新思想吧，好讓我振奮精神。」在一些關鍵的時刻可以暫時不去讀那些成系統的專業書籍，可以先看看那些對教學有促進作用的文章。國家誌、民族誌、旅行誌這樣一些書刊能夠豐富地理和歷史教學，尤其能夠活躍歷史教學，思想內容豐富多彩的文藝作品和戲劇可以增強對受教育者心理的揣測能力。對每個人來說，讀書的出發點也並不相同，比方說，一同閱讀席勒（Schiller）的戲劇作品，不同的人就有很大的差別，有的人純粹為了消遣，有的人是看中了席勒的大名，還有人則是源於純人道和心理上的興趣，他想要摸清作品中的人物性格以及作者本人！一位作家的小說有著極高的流傳度，大部分人都是看來消遣的，但從作者的自傳和《自我展

望》（第一、二章作者的哲學觀點）裡面我們還是能夠受益匪淺。

　　大家切不可隨便看到什麼書都讀，而是要有的放矢、有所選擇的讀書。

　　教師需要先閱讀那些和教育有關係的文章。一個初始踏上教育界的年輕人，面對如此浩如煙海的專業書籍怎能不無從下手，這本《指南》也是從這些專業書籍裡摘錄了不少句段。不過用不著擔心，我能讓他們放寬心，教育學文獻裡絕大部分都是有益的讀物，能夠把一生的閒暇時間都花費在這些專著上，讀這些讀物不僅僅不會令人感到疲勞，反而能夠振奮精神，進而調劑一下自我的生活。薩爾茲曼（Saltzman）、馬爾頓（Maldon）都是這方面的代表人物，還有很多其他作家的著作，他們都是著名的傳記作家。年輕教師可以憑著自己的興趣，以心理學的視角來閱讀這些著作，以學習和人有關的特性的知識為目的。要系統性的研究心理學教科書（我們在這裡也引證了這些書的內容）。倘若缺乏心理學和教育學的基礎知識，就算是賣力讀了這些書也用處不大，反而害處明顯。這方面只有師範類學校能夠為學生提供實踐機會，讓他們在實習教學活動中去觀察體會孩子們的心理，得到豐富的第一手資料，進而有效的帶入到教育學教科書的學習中。理論是實踐的延伸與普及。先實踐，然後歸納為科學。教師在進行教育學的學習和理解時需要與教育實踐中的親自觀察密切相連起來。誰具有敏銳的觀察力，誰就能保持他美妙的青春。在孩子當中能夠每天都有機會觀察到一些

十分有趣而富有教學意義的現象，這樣再和閱讀教育方面的文章結合起來，事半而功倍，可謂受益匪淺。

　　以上這些建議、意見和提示，我希望能夠達到預期的目的。還有一些其他問題需要等待後續的補充。那些思想活躍的人自然能夠從中收穫關於智力培養的啟發。當然，世界上沒有萬無一失的事情。但是我並不為那些力圖上進的年輕人會對我的這些要求生出畏懼之心而擔憂。追求智力培養是一件極其嚴肅的事業，並且這種嚴肅的事業是與實現生活的目的一同進行的，但這往往並不會讓年輕人失去勇氣，反而能夠更加活躍並顯著提高年輕人的思想認知，讓他們信服只有透過自我的提升以及培養勇往直前的精神，而不是自怨自艾、抱怨不止、依靠別人，最終才能踏進培養智力的王國，這是因為人的身上能夠蘊藏著無窮盡的力量。要登上人類的頂峰絕沒什麼康莊大道可走，靠著唉聲嘆氣、空想和幻想或是故步自封都於事無補，只有不畏艱難險阻、勇敢的步步向上才能抵達人類的頂峰。要想攀上人類的頂峰，就算是我們的英雄人物也並非輕而易舉。比如說萊辛，他要花上幾個小時甚至一整天的時間來修訂一小段文章，而歌德，更是會用一整天的時間來修飾一首小詩。在他的一生中，歌德從來沒有連續休息過超過四個星期。越是對我們的狹隘的思想進行啟發，我們的思想就會變得越清醒和活躍。如此這般，只要到了黎明，我們就能在這無邊無垠的大草原上闊步前進，實際上在這無邊無垠的平原上，我們當中大部

分的教師（很遺憾）和一小部分我們的同事正在貪婪而渴望的尋
覓著青草。

　　我們現在再把話題引回到正題上來。

第五節
給教師的建議能夠促進智力培養

　　切不可忽略我上述提到的意見。到這裡我們已經就教師的
培養問題做了一番探討，但還沒進行到教學理論和原則。我們
將教師的授課行動本身也看作是一種用以培養智力的方法，所
以在這裡我提出以下幾個簡要的建議：

1. 早點備課（教學時進行朗讀，發揮，講解），對自己的授課
   的學科要先掌握局部，進而掌握整體。
2. 教學以鉛印的教科書為主幹，以參考資料作為輔助。
3. 習慣去逐句逐段以及整篇課文備課。
4. 把備注、補充資料以及體會心得隨時隨地記在教學筆記
   本上。
5. 只要徹底掌握了鉛印的基礎教科書，完全可以學習別的相
   關的教科書和文章。
6. 設置一個完全符合學生進度的課程大綱。
7. 有計畫的研讀普通教育學、教學理論與方法論，邏輯學與

心理學等等。透過研讀這些書籍，教師往往能夠獲得很大的進步。

上面這些建議的核心思想是：教師在教學中能否獲得成效較好的教學成績，其主要靠掌握教材的情況，要掌握教材自身發展的過程，尤其要明確並清晰判斷產生教材的社會關係。所以我們對教師的要求是在授課前務必準確掌握自己所教的專業課。因此我才建議教師們使用鉛印的課本。我將心比心的為大多數教師和菜鳥想了想，他們的確兩袖清風，平時的確抽不出多少時間來整理自己的教科書和編定教學大綱，當然更遑論去複印教材。我們要具備先見之明，與菜鳥編寫的不成熟的教材相比，鉛印的課本具有更大的使用價值與可靠性。要知道編定一個與要求相符的教學大綱並不是件簡單的事。就這方面而言，只有那些教學經驗極其豐富、願意動腦又精明能幹的教師才能勝任。所以我發自內心的建議，一個經驗不足的教師最好能夠親自編定教學大綱。菜鳥教師最缺乏的就是經驗和能力，但我實在是不希望他們一生都像牛馬一樣被死死束縛在教科書上。不過也僅僅在教學初期嚴格遵守這個慣例就好。從全部教材裡挑選所謂的最好教材，會對教材的統一和固定的課程產生很大破壞。或者暫時採取一個權宜之計，先編定一個不那麼全面的教學計畫，這樣也總好過沒有計畫。依照學生目前的主觀需求，或是乾脆就依照學生的情緒來編定教學計畫也行。我與

一些年輕教師有過接觸，他們的看法就是應該從當前全部教科書裡挑選最好的當成標準課本，但這樣完美的教科書還沒有出現。所以關於這一點我要格外強調上面的勸告。能夠利用最好的鉛印教科書當然很好，但既要與兒童和學校相適應，又要照顧到各個方面的細節，恐怕很難辦到。這樣一本無所不包的教科書是不存在的，也從沒有過。每個教科書編定者都是依照特定的條件和特定的社會關係來編定教科書的。況且編定者本身也處在不斷發展著的時間進程中，同時每個人還都有自己的個性等諸多方面。這樣的情況我們又如何能要求編定一本萬年不變的、不須修正的教科書呢？所以說，想要這樣一本固定不變而又無所不包的教科書是根本沒法辦到的，這種要求是無知而缺乏公正的。實際上再優秀的教科書也無法代替教師本人的思想和見識。所以每個教育學作家都會要求讀者依照自己的思考不拘一格的使用教科書，遵照實際情況刪掉一些內容，或者是集中和擴展哪些內容，經過深思熟慮，一點點找出師生教與學的相互關係。為了讓教師能夠一點點勝任教學上的工作，要求教師不管什麼情況都要認真備課，在教課的時候也要留心注意學生們的動靜，過後細心琢磨，把自己觀察的心得和經驗都記入日記本中。這種備課方法的好處是時間久了教師的教學本領會有顯著提高，教學方式靈活自如，遊刃有餘，哪種教科書不夠了，自己就可以獨自編寫那種教科書了。這樣教師在授課時就可以將自己的全部注意力都靈活運用在學生身上。可以說，

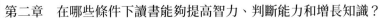

過不了多久，就算是不拿課本，教師也能教好課。教師不是一個照本宣科的職業，而是要動腦筋靈活教課，學生學習的真正課本就是教師那靈活自如的思想，教師獨自掌握教材，就可以因材施教，換句話說，就是依照學生的不同需求將牛奶和飯食送給不同的學生。舉個例子吧，教師要懂一些烹飪藝術才好。用來炒菜和做飯的原料沒什麼不同，這些材料教師也能夠提供，但是調味料，依照學生每次胃口和消化能力的不同添加怎樣的調味料，這就是看教師的看家本領了。就這點而言，沒有人能提供現成的經驗。好的教科書也僅僅是產生指導的作用，或者能夠較好的適應師生間的關係和情況，但教科書本身是不可能代替教師本人去思考的，更遑論別的了。在優秀的師範學校裡，教師從最開始就教學生學會動腦，而不是抱著書本死啃。與此相反，有些教師就一點耐心都沒有，得過且過，事事敷衍。他們要求學生做什麼，學生就瞪著眼睛看自己的教師，當然在師生練習課上他們只會這麼做。一個處處照本宣科的教師，其教學的盲目依賴性是有多強。這樣的教師肯定不會將自己的全部注意力傾注在學生身上，不會靈活而生動的啟發思想，那就只好用書帶將學生都捆綁起來，學生的思想怎麼會得到解放！把教師手中的教科書丟掉吧，甩開教師，想必那些教師不敢這麼做，但必須這麼做！倘若我們真能這樣做了，那我們就再不用看著課本牽學生鼻子走的醜陋現象！── 因此教師

務必要在家好好認真備課，用靈活、獨立又生動思考的方法教學生上課！無須多言，這樣的教法也並不是適用於所有課程，比如上閱讀和聖經課等就並不適合。也就是完全採用上述方法教授閱讀和聖經課課程也會歸於失敗的。我們提出教師徹底掌握教材的要求，沒有一節課是例外。為了讓教師能夠儘快勝任其教學工作，我們再提出兩點要求：第一，在全面而徹底的掌握教材後，可以研讀別的作家與教育專業相關的作品。第二，透過研讀適當的專業文章來不斷提升和鞏固自己對教材的理解能力和熟練的教學方法。倘若一個教師總是反覆備課，他一定極其熟悉課本的內容，那麼他就可以一了百了不用再每節課都備課，但他還必須不斷擴大自己的視野，振奮自己的精神。精神振奮的需求應該隨著時間的流失而不斷增加，在這個方面我們對於覺察到有些教師的不上進感到十分傷心，他們只滿足於一時一事，在教學過程中一點點將原來的教學熱情喪失掉，甚至意志都完全衰退下來。用超凡的熱情備課，又用火一樣的熱情上課，原本就應該展現奮鬥向上的精神狀態，但他們卻遠未達到這種思想境界。就算偶爾能夠達到這種程度，他們也很快就興致不再，熱情也就隨之冷卻。新事物的吸引力一旦喪失，探索的興趣也得到了剎那的滿足。倘若一個不斷成長的教師不過是以研究一本並不多熟悉的教材為樂趣，而完全不是出自熱愛教學的需求，那麼他這種熱情必然慢慢冷卻下來。真正的持

之以恆的教學熱情需要在對教師職業的熱愛上建立，對教師這份工作的心馳神往，需要在對發展兒童世界這一事業的熱愛基礎上建立，至於怎樣去教學則沒那麼重要。教師要認真鑽研教學，教學是他們歡樂的泉源，是他們的享受，教學就是他們畢生追求的職業。我們談論這麼多主要目的就是振奮教師的精神，令教師對教材永保新鮮感 —— 因為這些教師可能終其一生都在和一本教科書或是一個專業相同的教材反反覆覆的打交道，時間久了很容易缺乏擴大視野與振奮精神的要求！—— 這就需要這些教師去閱讀一些他人編寫的教材。倘若不能在這些教材中得到新的啟發，那就要去不同主張、不同派別以及各式各樣的教學方法中尋找線索。教師應該懂得怎樣用不同的方法去處理同一種教材，這剛好展現的是這個教師的真才實學，在這一點上公立學校恰好優於私人間的講學，公立學校可以發揮整體的力量，集思廣益，從多方面多角度去審視分析並講解同一種教材。

最後教師還需要對自己的教學法和教學熟練技巧進行有意識的提升。培養的本質應當是觀點的普適性和廣泛的應用性，這個意義遠超過大量知識的普及和應用。

所以說，除了研讀各個教學領域內的教材，教師還應該接著學習研究普通教育學、教材和教法的專著。培養教師最為有用的知識已經明確為心理學和邏輯學知識。因為心理學或者普通心理學和人類學都屬於教育學的基礎科學，失去了這種基礎

科學教育學就宛如空中樓閣，或者根本無法成立。邏輯學能夠為行家創建理解力的組織結構，教師理解力發展了，其主要業務也會得到顯著提升。我們在這裡說的邏輯學觀點並不是指邏輯學表面的那些抽象概念，當然更與那些枯燥無比的公式化大綱不同，而是指那些活躍的思維形式觀點及在各種活動中認識思考功能的那些生機勃勃的觀點。倘若教師能將學習本學科與學習其他教育專業作品相結合，那麼，整體來說，在某種意義上他已經完成了培養成熟的任務。

第三章
基礎教育學、教學論及方法論學習指導

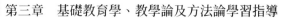

在這一章裡我們著重闡明以下四個問題：

1. 先要向誰推薦學習這些書籍。
2. 到目前為止哪些備受歡迎的文章都產生了哪些作用。
3. 怎樣理解和明確教育學、教學論與方法論的概念。
4. 哪些文章在這些學科裡最好也最適用。

前三個問題都是為了引出第四個問題，而且又將取決於第四個問題。

第一節
先要明確向誰推薦來學習教育學、教學論和方法論

教育學、教學論和方法論為教育工作者和教師展示了最普通的教育基礎知識。通常情況下，教師對一個孤立的概念和觀點並不如何關心，對一種獨特的思想（自然關心個人的想法）也不感興趣，就連頗為特殊的教學學科也不太在意這些，往往只是用一般的方法去處理一個學科。而對教育學、教學論和方法論的目的的學習就是為了正確處理教學中的普遍問題。人類在生活的過程中通常是先認識那些個別的、特殊的和具體的事物，之後再認識那些普遍的和抽象的事物。這樣的認知發展進程與人類思想的特點相符合。人們先是用個別的真實的現

象和與之相似和相關的現象做比較研究，對那些特殊現象提高
認識，最終再提出那些涵蓋特殊現象在內的一般普遍原理或原
則。倘若對這個規律（所以我們每個人都應該回顧一下自己的
發展過程 —— 即人類天性的發展進程）並不懷疑，那麼我們
在進行自我培養時就務必遵守這個認知上的規律，換句話說，
我們應該先學習那些特殊知識，然後再進行一般知識的學習，
這樣做的目的是在這個基礎上從前者身上建立後者，由後者再
繼續向下發展。倘若我們不遵守這個認知的發展規律，先一般
知識的學習，那就次序顛倒了，先學習那些高深的知識，之後
再進行較低或較淺知識的學習，就如同蓋房子先蓋了屋頂，之
後再打地基一般，等到了遇到困難時才終於發現沒有特殊知識
的基礎是根本難以理解一般知識的。那些一般知識倘若缺少了
特殊知識就變得空洞無物，知識本身也最終成了過眼雲煙一樣
虛無縹緲的東西。一般知識對特殊知識具有永恆的依賴，而特
殊知識不與一般知識結合就難以成立，特殊知識還具備不依賴
一般知識的獨特性，而一般知識倘若沒有特殊知識作基礎就成
了無源之水，無根之木。但切不可將這句話理解為：看起來一
般知識是可以脫離特殊知識存在的，而且又附屬於特殊知識。
事實恰恰相反，一般知識在特殊知識中存在。只有特殊知識而
沒有一般知識本身是能夠認識的，倘若一般知識並非那麼空洞
無物，那麼人們隨時隨地都能夠理解特殊知識，一般知識會由
特殊知識逐漸發展起來。所有的現象都是特殊存在的。一般現

象並不能直接顯示出來，它和特殊現象能夠同時存在。一般知識只能靠想像和抽象存在，是一種思考得來的知識，比如人、動物、植物、水果等等，人們是無法表達這些東西的概念實質的。其實質內容往往只在單個人、單棵植物、單個水果或個體中存在，這些個體又會較之一般的人、動物和植物等要多。我們從未見過一個抽象的人，（抽象的）水果概念也是不能吃的。我們能吃的是李子、櫻桃等等這些實物。而這些李子或是櫻桃也是總稱，也不能真的吃，我們能吃的只是具體的、某一個李子或櫻桃。再舉一個實例來說，沒有任何一個角度是抽象概念的角，我們要不說是一個銳角或直角，要不說是一個鈍角，但不管在任何情況下，這個角本身只是個空角，並不真的存在。抽象都於具體中存在。依照通常事物的自然發展規律，人們先要理解那些個別的、個體的事物。然而認知不會在原地停留，需要透過對個別事物的認識和理解上升到對一般事物的理解。

　　整體來說，我們能得出以下結論：不管是教學哪門專業，要想進行自我智力上的培養，就需要從特別學科知識的那些細節開始學習，所以最先是一部分被指定為教師的菜鳥教師先開始特殊專業知識的學習。一直到專業知識學得差不多了再開始普通教育學知識的學習。所以我們會將教育學、教學論和方法論等知識首先向那些較為成熟的師範學校的學生推薦，向那些準備繼續進修的教師推薦，而那些剛剛加入教師職業的菜鳥暫時不用學習這幾門學科。學習這幾門知識對於這兩種人來說

具有著決定性的意義。我前面說過，學習那些一般知識是教師進修的最基本的象徵。失去特殊知識的一般知識（倘若情況特殊），也無法說就完全空洞無物。換句話說，特殊知識其實就是個別知識的總和，倘若不與那些複雜知識的總和相連結，不從那些一般規律中獲得知識，也就是說失去一般知識的特殊知識只能衍生出經驗主義，而很難形成一種真正的概念，這些概念讓人們的認知變得明確起來，進而綜觀一切知識的細節，理解或是領會那些特殊現象產生的根源所在。所以培養教師的最根本的措施就是學習以上幾門學科。我還說過，那些剛剛加入教師團隊的菜鳥不用急著學習這些學科。對他們而言這並非當務之急，而是更高層次的學習。倘若作者在書中本末倒置，無法產生承上啟下的作用，那我們就最好暫時先不要將一般知識的學習輔導混入到這些特殊知識的學習輔導篇目中來。我們在這裡對於處理問題要比應對事務和資料更加感興趣。倘若那些教學藝術的菜鳥（學校教師的後備生）能夠熟讀一下本章的第四節，就能馬上明白那些個別專業學習的導向問題和怎樣結束建築樓層的施工問題。菜鳥應該刻苦學習那些較為基礎的知識，將基礎牢固打下，以免在日後的教學過程中受那些空洞無物的文章和內容陳詞濫調的文字遊戲所害。但遺憾的是，無論在現實生活裡還是在學校裡這樣的受害人持續不斷。因此我們無論如何都不能指望學習一種理論就可以成為一個真正的教師。只有透過切實的生活實踐才能真正懂得實踐。有的人可以掌握所

有的規律或規則，但並不一定明白如何適當的運用，有人儘管能夠適當的運用規律或規則，但卻並不一定懂得那些一般規律的理論。教育理論家和教育家並不總是想通的，教育家也不一定全部是教育理論家。前者（即教育理論家）總是空談理論，後者（即那些實踐家）失於實際行動。一個口不擇言的人在那些不惑者的眼中當然是沒有資格作教師的，群眾通常只會認為那些言出必行、三思而行的人才是合格的教師。這種判斷其實再公平不過了。演講和說話完全是兩回事。演講代表著合格教師的本領，自言自語以代替學生說話並不是什麼好習慣，甚至是一種很壞的習慣。如今有很多教師不恰當的認為現在不僅僅需要知識，而且還需要大力傳播教育（教育 —— 如何能傳播！），這純粹是那些不正經教師的順口溜而已。我們應對的做法是左耳進右耳出，當成耳邊風！這可真是天生詩人和天才教育家的大發明之一。教育工作者也好，教師也好，他們的天賦都需要被啟動和培養。想要達成這一步，我個人看法是教師最好在一種教育氣氛極其濃厚的環境中學習，拜那些行家為師，這些行家最好不管是在教育方面還是在關於教學方面都能夠堪稱導師。在這種環境的薰陶與耳濡目染下，一個人打盹的天賦能夠被喚醒，教育和教學節奏都會得到加強。這樣的做法還能提高教師內心以往似乎本能的潛藏在感情後面的覺悟，誰失去這種感情，即使是再好的理論都無法指導他成長為一個真正的教師。正確的理論會在正確的行動中展現，它能夠糾正那些片面的觀

點和防止人們誤入歧途，正確的理論能夠超出區域和個人的一般觀點和見識。對於我們而言正確的理論當然算不得什麼頭等大事，也並非燃眉之急，但也絕不能因此正確理論就失掉了它本該擁有的價值。

第二節
教育相關文章與小學校有一般關係和特殊關係

　　我們在這裡探討培養教師鑽研教育學的一般問題。也可以說，只要教育學作為一種科學原理存在，我們就應該格外討論小學校和小學教師針對於教育學的實施問題。

　　倘若我們將教育學當成是一門科學來與別的科學的完整性相對比的話，那我們並非沒有發現教育學自身還存在著相當多的不足之處，需要進一步去發展。目前看來教育學還並未形成一個較為完整的科學體系，倘若有人讓我們為教育學取一個科學專著的名稱，這部專著既要涵蓋公認的又要包括經過實踐檢驗的教育科學的系統，那我們將會十分狼狽不堪。實際上對於教育學而言，這種嚴格的詞義概念並不存在。我們能說的不過是教育學還是一部尚未完成的著作。

　　教育學不完整的原因是多方面造成的。首先，教育學本身就並不是作為一門獨立的純科學而存在的，它是一門依賴性

較強的科學。教育學對哲學是依賴的，對人類學、心理學以及宗教學更加依賴。以上這些學科與教育學在觀點上是基本一致的。由於到目前為止哲學體系依舊沒有得到廣泛的肯定，宗教學的基本觀點也都存在著十分嚴重的分歧與爭議，那與此關聯甚密的教育學就不問可知了。所以教育學現在也只能存在於某些哲學觀點的範圍內，在這方面最值得一提的就是康德的哲學觀點，其他的哲學觀點顯然還並不容易接受。作者的宗教觀點也會對教育學的原理產生很大的影響。還有那些教義學的觀點，也總是自居教育學的統治者。有的學派的看法是教育學是亞里斯多德哲學政治分支。總之教育學還不能算是一門獨立的科學。赫爾巴特（Herbart）就說過：「荒謬的自由學說和荒謬的心理學本身的荒謬之處就在於：層出不窮的各色教育謬論阻斷了真正教育學的傳播。喪失正確心理學觀點的人是無法理解教育學原理的。」

其次，教育學自身也僅僅只有部分甚至少部分能歸類為純粹的或優先的科學，其餘的大部分規律都來自經驗，或是生活本身。教育學能成為純科學的前提是，確定教育學的最終目的是人類的使命，與自然發展規律有關。這一原理是從心理學得來的，內容可以看作是教育學的輔助科學或是基本科學。不過純教育學的部分具有很大的局限性，又並不完善，在施瓦茲的教育學說裡關於純教育學的內容只占據很少的篇幅，魏勒爾（Weyler）的源於康德哲學觀點的教育學也都一樣。

　　大部分教育學的重要內容都來自於經驗科學，是由經驗進行的提煉，與生活有直接關係。我們應該將一個受教育的人看作是一個依賴特定時間和特定地點的人，──這種看法可算是一種十分富有成效的觀察方法，其目的是挖掘出人類教育的最普遍存在的規律。這樣的人類教育對每個地點和時間都具有永恆的作用。──在進行教育時務必需要注意人的出生地和生活軌跡以及時間等條件。每個人都生活在特定時代的特定民族中。遵循康德的說法，每個人都是依照其民族的社會關係，為了當今時代，為了未來的希望才接受著教育。也可以說教育所用到的規律與原則都是遵循特定歷史時期和特定民族的特點。簡單來說，教育學除了要運用自然規律的普適概念外，還要接受文化發展規律裡面的一小部分的普遍概念。後者是前者的補充，而且還要依照各種不同的觀點進行適時的補充和修正。要將教育學的普遍內容進行比較系統的提出，就要呈現出不同時期不同民族的顯著特點，如此目前的教育學裡的部分內容都需要徹底的改變。舉例來說，倘若近代亞洲民族要全盤接受近代新歐洲民族的教育，不考慮具體歷史進程，不考慮每個國家宗教、憲法以及其他因素的差別，那麼最終的教育效果肯定會讓人失望至極。這種脫離現實的教育原理是必然會影響真正的教育原理的。所以我們需要嚴肅認真的對這種教育思想提出批判。一個專制政體宣導一種新的教育體制成為共和政體的一部分，專制政體也好，共和政體也一樣，又會要求改革教育體制

成為君主政體的一部分。到了君主政體中又對教育體制要與君主立憲或民主立憲完全不同提出要求。面對教育體制不斷隨政治變動而變動的情況，有人提出他一針見血的要求，一旦君主立憲為君主政體所接受，就需要立即進行國家教育制度和學校體制的改革。因為失去了君主立憲的保障，就難以進行徹底的教育改革。在法國，憲法每經過一次修改，教育形式和內容也都會隨之發生改變。在這些歷史事件裡我們能夠得出一個這樣的結論，我們完全不可能創建一種適合所有地區和所有時代的教育學說，那些萬能教育學的擁護者也不過是一時興起的泛泛空談理論而已，談過後就擱置一旁。倘若要將這種萬能教育學的理論價值完全否定，還為時尚早，但願這種理論能夠真的早日問世。不過最可能的結果怕還是會難產。我們絕不可以錯誤的揣測宗教、政治、歷史等學科對教育學的影響，甚至連商業、技術及其他因素也都應該展現在一個國家良好的教育制度中，在這個教育制度中占有重要的一席之地。歷史證明，力圖建立一門科學而系統化的教育學確實極其困難。所以這也理解了為什麼到目前為止依舊沒有一部普適有效的教育學出現。大家都眾口一詞的認可施瓦茲在其最後一部作品《生活在血泊裡》中有關這方面的描述。

　　除了以上這些原因外，有些還關係到和個人有關的修養的因素。如果我們現在提出這樣一個問題：到底要由哪些人來創建一項完善的教育制度呢？這就很容易找到這裡面的阻力到

底在哪裡了。看起來這種相對完善的教育制度是能夠由具備哲學修養的政治家、立法者或是從事教育的學者和非學者最先提出方案。然而純政治家和立法者自身就缺乏創建教育制度的經驗，而那些經驗豐富的人又總是缺乏歷史、宗教及政治方面的見識。沒有人是完美的，幾乎不存在這樣一個才能卓著、訓練有素、兼具社會地位和教育經驗都豐富的理想團體，來圓滿完成教育制度完善之大業。上個世紀的那些博學多才的教師，大部分都由於背著（所謂的）博學多才的包袱，被宗教和墨守成規所拖累，最終大多被埋沒下來，至於那些國民學校裡的教師，就算是天賦異稟，但因為經濟壓力太大，也難以充分開放思想，制定出一套完善的教育制度。

因為其錯綜複雜的各種社會關係，在最初倒曾經出現過一種十分引人注目的現象，教育學在某一時刻成為主要科學，統領其他各門科學。由於在那個時候其他科學的發展相對較慢。從當前的情況看，一種令所有人滿意的教育制度不可能出現，甚至一種符合各種宗教和各政黨要求的教育制度都難以制定出來。只要一天心理學沒有改進，只要在那些基本問題上宗教無法統一在內行統治之下，只要諸多政治黨派各執一詞、各行其是的糟糕局面沒能得到徹底解決，那麼我們是根本無法期待會有一種令人滿意的教育制度出現。但話說回來，對那種所謂的完善的教育制度我們應該有一個較為明確的認知，不是說某種規章制度制定了就一了百了。教育學是一門與人關係密切的科

學，而人所處的又是經常變化和持續不斷運動的發展過程。我們可以肯定的說世間沒有任何一種教育制度是永遠不變的。換句話說，教育家能夠活到老學到老，他們會終身學習和提升，將自己有限的知識不斷應用到不同的時間和地點，遵照各種不同的社會關係隨時更新和補充進自己的知識體系中，以免讓自己停滯不前。

我們在這裡簡單探討一下培養教師研讀教育學、教學論和方法論的基本問題。我們上述把這個概念都局限在學校教育與教學範圍裡。現在我們則面對著一個清晰的任務，因為我們明確認識到國民學校對家庭、宗教以及國家採取的心態和立場，認識到國民學校會採用的社會關係等外交方式，我們就可以更進一步的確定了這一任務的範圍。我甚至認為我們就像是從一個寬闊無垠的茫茫大草原突然進入到一個小小的房間一般，如此我們就只好按照國民學校的要求將培養教師研讀教育學的基本問題（我們怎樣概括剩餘兩部分呢？）限制在適用性上，限制在教育、紀律、教學和教義等方面。在這兩個方面德國教育學著作家已經獲得了很大的成就，我們只好心中滿懷感激之情來承認這已經確定的事實，為什麼說這個教育學的特殊部分反而要比那些一般普通部分更加重要呢？這並沒有多難理解。因為對我們來說這個任務的要求並沒有多麼苛刻，這當然就更使我們的責任感倍增。因為多種限制，國民學校的教育思想往往只是被限制在一個很小的範圍內。在我們教育界國民學校都做出

了哪些成績，需要透過一定的法律手續最終肯定下來。這些成績應該由教育資金來進行獎賞，教育資金要公開用途，沒有誰能夠從中混水摸魚，中飽私囊。到目前為止國民學校還是一種具有很大依賴性的學校。而那些國民學校的教師則對宗教方面唯命是從，按部就班的遵照教會和信條的規定行事。在別的方面就見風使舵，特別是對那些政府官員。就這種關係而言他們的問題相比於教育學的一般問題要更加容易解決。在教育細節及教育理論方面我們的確累積了一些十分豐富的知識與經驗，是值得稱道的。然而在教育科學及教育生活設施等方面的成績卻微乎其微。當然大家可以隨意談論一些德意志教育或是普魯士教育，事實上這種國家教育並不存在。也是根本不可能存在的，甚至連這種理論都不具備。我們宣導在教育機構裡加強民族教育和公共教育，然而國民學校畢竟與國家教育機構不同。想要進行國家教育的唯一方式就是由國家建立一種相對封閉的教育機構。我們在一些小事上大手大腳，揮霍無度，在那些大事上反而吝嗇無比，一毛不拔。但我們也不會否認，自從德國建立了關稅聯盟，從西元 1840 年至今，我們還是能夠看出國家的進步。但願我們的後代不會抱怨我們這一批人沒有為他們留下一點好的成果。或許他們不會抱怨。我們當今的任務就是想方設法對我們已經挖掘出來的知識財富充分利用。為了我們為之奮鬥的基本目的，為了挖掘那些財富，我們先來探討下一個問題。

第三節
教育學、教學論和方法論概念須知

　　我們在這裡使用「須知」一詞是為了不想引起一些模糊的認知與誤解。但是為慎重起見，我們還是需要解釋一下，不僅僅是因為這個詞具有非凡的意義，而且也會由於模糊認知導致無法識別事物的對錯。

　　教育學這個詞語，包含有廣義和狹義兩種意義。廣義上的教育學是指教學理論，而從狹義上來說又不是教學理論。廣義上來說我們提出的教育學是用以教育人的（有意識和有覺悟）活動規律的科學。就這種意義而言，教育學要包含課堂教學理論，由於課堂教學是有意識有目的的影響人以達到教育之目的，課堂教學最終形成教學理論，成為教育學的一部分。狹義上來說，教育理論與課堂教學理論的關係可以概括為：教育理論僅僅是提出道德教育的規律與規則。就這種意義而言，教育學和教學理論則是相輔相成的。只有進行了明確的定義，我們才能比較嚴格的探討教育學和教學論等問題。廣義而言，我們儘管單獨使用教育學這個詞語，但我們已經串聯好這兩個概念，也只有將這兩者有機結合起來才能算作是真正在探討這兩個概念。

　　如同教育學與教學論的相互間的關係一樣，教學理論與方法論，兩者也是可以一同存在的。倘若我們就廣義範圍將教

學理論看作是歸納全部課堂教學規律和規則的科學，那方法論就可以看作是對各個專業的指導性理論。即教學理論的應用部分。倘若我們分開來討論這兩者，那麼我們就只好下這樣一個定義，也就是教學理論必然有其普遍的一面，對於任何方式的課堂教學都足夠適用；但方法論則是相反的，是依照不同的教學目的、內容、形式及其他教學目標制定的詳細規則，並提出種種不同的具體規律和規則。我們最好是能夠將這兩個概念統一起來，這樣可以更加確切的探討教學論和方法論。依照這些概念的相互關係，可以認為教育學是整體，而教學論則成為教育學的重要分支，這個分支的任務就是鑽研課堂教學及培養學生增進智力的方法，是具體提出課堂教學對象的細則及課堂細則。在這兩方面教育學既包含理論的，也包含實踐的論述，是依照教育規律和規則及教育的應用實踐經驗所提出來的。所以說教育學著作家在論及教育時會概括出教育理論學家（理論的）及教育實踐家（實踐的）的不同。遵循這個區分也能夠引出方法理論家與方法實踐家這個說法。由於這種提法還有另一種概念，因此大家並不使用這樣的說法。事實上這種標新立異對我們正在開拓的事業一點價值都沒有。我們需要不斷對理論知識和實踐知識進行總結或概括。也只有在指導實踐和提高實踐的前提下理論知識才會對我們產生價值。而我們教育學的任務就是把這些落實在學校及學校教學上。我們在這裡探討的並不僅僅是泛泛的教育學，而是在探討在特定範圍內組成教育的極其

重要的一環。不是在探討教會、大學以及文科中學的教學原理與原則，而是在討論國民學校的教育與課堂教學。但我們也會將小學和市立中學也算在其中。這是由於這些學校的性質與正在迅速發展且方興未艾的國民學校相比也並沒什麼不同。

　　依照以上論據，我們接著來探討本章的第四點，也是最基本的一點，並回答其中一些問題。

第四節
哪些基礎教育學、教學論和方法論的文章最為重要

　　在繁蕪叢雜的文章裡要挑選出那些真正優秀的作品好似大海撈針。經常有人要我推薦一些專業不同的文章，實話實說，這讓我很是為難。我為難的根本原因就是沒有確切的把握，同時還沒有必要的專業知識，而且社會上的各行各業，世事每多變幻，錯綜複雜，還有那些當地的或是私人的關係都讓我感到為難。對社會不熟悉，對讀者的需求也不甚了解，又如何能為他人提供一些好建議呢？然而有的時候我也會多少勉強回答一些標題的內容。只要我們的教育制度沒能趨於完善，好的教育文章就不可能出現，那不過是一些空洞泛泛的議論而已。依據培養學生的師生比例的規定，國民學校需要的教師數目到目前還是差了很遠。而且要找到那些符合教師條件的合格教師又並

不是件容易的事。我們計劃 —— 這件事必須要說 —— 我們倡議應該嚴格挑選那些具有教育基礎深厚、朝氣蓬勃、思想開放、對權威不迷信以及具有獨立判斷能力的教師和師範學校的預備教師作為國民學校的教師。他們需要擺脫那些刻板的機械教學方法，需要擺脫那些陳規陋習。現在大部分的國民學校的教師都來自於師範學校的培養。在他們最初踏上教師這個工作時，我們要嚴格要求他們，包括他們的教學知識、教學技巧甚至個人修養都要嚴格要求。他們學生時代在學校學習兩年，目前可能是三年，這個時期是人類接受教育能力最強的時期。在師範學校這樣一個具有濃厚教育氣息的環境裡是大有可為的。有些學生能夠遙遙領先，有些學生會變成一個好的模仿者，而有些學生最後泯然眾人。我們當前要持現實態度，不走極端，也不做過高要求，只期待可以達到一個相對中等的教育設施水準，一般可以有一個教學設備較為齊全的師範學校就能夠接受，這種學校可以看作是目前的標準學校。在給政府的建議中我們都提出了這些要求。教育設施在這些百廢俱興的動作中落在了最後，為了滿足這小小的可憐的要求，我們也只好四處奔波求助。然而結果並不讓人感到滿意，我們無奈下只好將要求的條件盡量壓縮到了最低的限度（和大量的生活條件相比）。我們也不覺得缺東少西就比樣樣俱全更加糟糕。大部分教師並不一定會用到大量的藏書。對增長專業知識來說，博覽群書並不一定是最好的方法。況且大多數教師的經濟狀況也難以應付

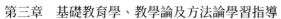

想當然的大量購買書籍。所以我要求教師先對我推薦的以下文章做一番簡要的甄別，將那些有參考價值的文章製作成標題摘要，方便以後學習所需。通常大家都對那些風行一時的暢銷書大感興趣，都想翻閱一下，然而環境和條件並不允許。透過實踐我們的知識也能夠大大提高，事實上我們這些人獲得的知識（包含任何領域）也不過是所有知識總和的一角。對於我們來說倒是目前小學教學時出現的一些問題並非當務之急。縱使我們能夠過問，但誰又會自告奮勇呢？由於小學教育的基礎並不是所有的東西都是正規的，只有很少的部分才算得上正規。──讀者也完全能理解，我們的判斷能力是無法超出一定範圍的，而且也不應該超出這個能力判斷事物。我們的判斷也無法當成是最高文學法庭的判斷，我本人也只是作為專題報告人發表一些個人主觀的見解。對一切取中庸之態度，目的是不斷提高自己的判斷能力。作為報告人我始終將坦率和誠懇當作立世之本。所以只要我認為自己的觀點正確，對於那些推薦的作品我只要發現缺點就會絕不留情的進行批評，儘管一個作者也並不對自己的作品滿意，儘管我推薦的作品也不能都算是第一流的作品，但我仍抱著批判的態度去學習這些作品。

　　以下是可以推薦的文章和書籍：

- 　普通教育（與課堂教學）
- 　學校教育與課堂教學概論
- 　學校紀律

- 心理學與邏輯學
- 論教師培養（師範學校）
- 論女生教育
- 論學校、國家與教會的關係
- 論學校監督
- 社會教育學
- 論幼兒園
- 論相互交換的學校設施
- 高等市立學校
- 圖書學
- 教育家傳記
- 群眾論文
- 學校立法
- 學校教育改革
- 論西元 1848 年學校組織
- 期刊雜誌

　　涵蓋了 173 部書與 15 種期刊雜誌，各自按照內容和宗旨做了簡要的介紹。（裡面的很多文章和書籍都和時間有關，可以不用重印。）

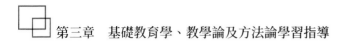

第四章
人的天賦與來源於天賦本質的一般教學規律和規則

第一節
依照學生的觀點，客觀教學法

符合自然發展規律的課堂教學

　　課堂教學需要與人的天性和自然發展規律緊密結合起來。這個教學原則可算是所有課堂教學的最高準則。倘若有人在課堂教學上運用了某種教學法，證實確實與自然發展規律相符合，那麼這就完全能夠證明我們理論的正確性。與此相反，倘若不符合兒童的天性，與自然發展規律相悖，那麼這種教學法就是不正確的，應該徹底摒棄。不管是對一個醫生還是教師而言，最重要的覺悟就是先了解人的一般天性和特殊天性，之後才能做到因材施教，對症下藥。人們能夠違反人的天性發展規律，也能夠發號施令，能夠壓制甚至阻礙天性的發展，然而這都沒什麼用，天性依舊繼續存在，哪怕天性一時可以被壓制，但仍會重新出現，也只有順應天性發展的規律，才能收穫良好的教學效果。倘若一個醫生不去違背自然發展規律，而是對自然的力量進行合理利用，他就能夠醫治百病，做到對症下藥，治病救人，讓病人重獲健康，繼續自由發展，倘若醫生對自然規律不屑一顧就會一事無成。醫生若是掌握自然發展規律再精心進行診斷和開處方就能夠治好病人，不懂自然規律就成為外行，就只會亂開處方和醫囑。所有的本領都要依靠自然的協助

才能發揮作用。失去自然力量協助的本領會導致怎樣的結果，就只能看它的行為去向。所有機械本領要想達成好的效果，就必須對自然的力量做到充分利用。在與大自然的爭鬥中人是多麼的渺小和無能為力，大自然總是可以嘲笑人類的喜怒無常，嘲笑人類的為所欲為，所以人只有老實依照大自然的發展規律才能收穫成功。大自然的那些潛在力量與發展規律亙古不變。自然的力量無所不能，但也變得收斂。世界上所有弊端、不幸和犯罪的產生，都是由於人的天性沒有得到滿足。誰能夠洞悉天性違背大自然規律的反作用，能夠洞悉錯誤行為的後果，誰就會由衷的讚賞自然的偉大力量。大自然就是權力的象徵。

在人身上大自然也代表著一種權力。這權力帶給人什麼，讓人何去何從，人們總是會產生誤解，但也會進行努力奮鬥；但在有些人身上會產生怎樣的效果，那就需要用到大自然帶給人的力量，運用這種力量一般能夠克服由於違反自然發展規律而習得的錯誤教學和不正確的教學方法。不正確的教學方法能夠誤人子弟，但並不會扼殺全人類。在這樣的情況下受害人會反抗起來，像鳳凰一樣浴火重生，帶著滿腔憤世嫉俗的熱情重新戰鬥。所有違背大自然發展規律的行為，大自然都不會善罷甘休，最終的爭鬥會更加激烈。在這世上大自然是難以戰勝的權力，它所向披靡。倘若能夠用到大自然賜予人的權力，人的智力就能夠顯著提升。倘若一個人的意志與努力遭到違背自然發展規律的專制強權主義的壓制，那他必然會奮起反抗，

和這種強權專制做最徹底的爭鬥，其來勢凶猛，好似火山爆發一般。那些濫用專制權力之人壓制了民族和人類的天性是多麼的可悲！然而民族與人類之天性絕不可欺，善有善報，惡有惡報，不是不報，時辰未到。倘若允許違背天性的罪惡行徑存在，罪惡就會繼續產生。所以我們務必要聽從大自然的呼喚，老實遵守大自然指引的方向。只有人與大自然結合才能幸福。上帝與大自然共存，在外部與在內部無異，在星光璀璨之宇宙如同在人之天性。誤解人的天性就很難有符合自然發展規律的優秀的教學法。所以在教學技巧上我們也要去掌握天性，之後再一點點利用天性。假使我們在一個人的身上發現了與自然發展規律相違背的病症，發現了外部或內部存在的畸形發展，那麼我們必須當機立斷，對症下藥。天性往往純真可靠。兒童不會有猜疑的天性，猜疑會毒害和歪曲生活。以下所說的教學方法幾乎全部都是依照自然發展規律總結出來的。這是一些相對從屬的規則，也可以說是些分流。有的人認為用自然發展規律原理去教導人難以獲得好的效果，認為這僅僅就是大自然的規律。這話倒也不假，我們認為符合自然規律的教學能夠產生調解的作用，成為一種規範，這個規範有必然奪取桂冠的理由，權威性十足。

根據人的自然發展階段進行課堂教學

我們通常說人的三個發展階段一般是到 14 或 15 歲：（一）

感官性或直觀階段。（二）記憶階段。（三）理解階段；當中有的因素也能夠劃分到第四個理智階段，這些因素當然也是一些真知，但是這個問題到目前為止並不算十分透澈，還需要繼續探討，暫時來講也可作為課堂教學的基礎。對兒童生活階段的劃分很難做到涇渭分明。儘管兒童的牙齒一般要到 10 歲左右才會長齊，這個時候就基本具備了兒童的一些共有的特性，只是發育尚未全面成熟，在天賦和力量加強以後，剩餘的兒童特點也會相應隨之消失，或者退居在隱形的地位。恰恰是因為這樣，我們的設想在標題上看來像是很有條理，但卻失之公式化，怕是以後會無人問津。不過若是我們運用其他的一些尚未明確的觀點進行教學，比如說運用黑格爾（Hegel）的哲學（觀點、想像和概念），或是運用康德的哲學（概念、判斷和推論），怕是也不會有什麼好的教學效果，並不需要怎樣論證。但是我們必須要說的一點是，倘若我們最先提出的那些教學理論要是還算言之有物的話，那麼至少那些和發展階段論有關的觀點還是有可取之處的，不管怎樣我們提出的教學論至少要比那些心血來潮的空想要好上許多。可算是聊勝於無。重視經驗才可以明辨是非。我想（讀者可考驗）大家會認可我的觀點，從這一點出發，我完全可以心滿意足。

　　經過幾年的發育，兒童在智力上的差異並不明顯。若是我們將兒童的發育期稱作直觀、記憶、理解和理智期，那麼我們的看法是兒童在其不同發育時期會展示出不同的認知方式，切

不可說兒童在某個發育期是一個直觀期的兒童，而到了另一個發育期就成了理解期的兒童，這是不能截然分開的，不管處在哪個發育期，兒童的所有功能其實都在發揮作用，不過在表現程度和形式上有所不同罷了。可以說 7 歲的兒童就擁有理智，但和 18 歲的孩子的理智比起來當然不可同日而語。所以我們需要認識兒童智力發育的不同表現形式。

最普遍的表現形式分為敏感性與主動性，這兩者經常一同出現，敏感性往往在早期出現，在不斷的發育過程中被主動性所取代。這樣一個發展過程也可以形容精神生活。若是我們將一個整體的人看作是兩方面，也就是靈魂與肉體，那麼我們可以說 12 歲到 14 歲的孩子其實已經能在身體方面呈現出獨立性，靈魂與肉體的表現形式從來都是並行不悖的，只是敏感性會由於年齡的增長而相對減少。

1. 在最開始的生活階段（約至 14 歲）人的主動性往往表現在那些體力活動上。這時候的兒童習慣自由玩耍，到處跑和跳，嬉戲打鬧。教育技巧則是利用兒童習慣的這種高貴活動借助體育來全方位發展兒童的身體；到了 14 歲，孩子還要不斷進行體育上的鍛鍊，用業已出現了的精神獨立性來接著推動身體的發育。

2. 智力上的敏感性最先表現為感官活動（健康的敏感性少一些 —— 被動性！），兒童的直觀興趣、好奇心階段一般會

持續到 9 歲。人能夠借助觀察事物來鍛鍊感官，能夠增進敏感和活力，最終學會本領！1 到 9 歲兒童的直觀都還發揮作用，伴隨持續的學習與累積基礎知識，形象思維逐漸發揮作用，我們的看法是「一切真知都源自形象思維」，這是不問可知的。在這個時期兒童的獨立性一般呈現為想像上的自由玩耍。所以在這個階段兒童對故事和童話特別感興趣，特別願意聽魯賓遜漂流記和鬼怪類的恐怖故事。此時兒童的身體和智力上的獨立性還能夠用來學一些熟練的技能。

3. 兒童的獨立性尤其能在大自然和學校中獲得鍛鍊，一點點提高技能的熟練程度，記憶力獲得增強，並逐漸對學習產生興趣，這個發展過程一般會持續到 14 歲。此時兒童的敏感性和主動性都在發生作用。兒童能夠接受直觀而來的材料並十分牢靠的理解這些材料。這可算是終生記憶用以保存材料的促進期，成為語言基礎的學會期。

4. 在這同一個時期，兒童的理解力、思考能力和才能都一點點加強，可以從認識特殊真知到普遍真知，尤其明顯的會表現在那些具備聰明頭腦的兒童身上。個人的天賦、愛好和個性也都逐漸顯現出來，但觀察力還有待發展，無法識別主要的方向，並且無法預感自己未來的使命，缺乏明確的認識。我們確實不可以說 6 歲的兒童就毫無理解力，絕對不可以這樣有這種想法，在這個時期兒童的理解方法與

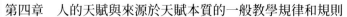

對簡單事物的理解已然萌芽。比如說，在學習的過程中兒童很快能夠形成語言的基本概念，而且會初步懂得自覺演算數字，這都是非常好的事情。但是這時兒童的抽象概念還相當模糊，一般到了 10 歲或 11 歲兒童才逐漸發展抽象思維，這個時期算是兒童的抽象思維時期。學生可以在接受的材料裡學習有規律和規則的知識，之後再將其學到的知識應用於實踐中。在這個過程中，學生會一直保持自己的學習和練習活動到能力成熟期。

5. 孩子在 14 歲後一點點進入理解時期，並開始運用理智，這種情況尤其會反映在理想教育中。此時孩子已經有了比較強的直觀能力，理智也在一點點加強，開始樹立偉大理想，主動性也更加積極。此時孩子出現了上進心，有意識的開始追求偉大的事業。在這樣的緊要關頭倘若學生無法嶄露頭角，那怕是以後都很難有什麼大的作為。剛好這一時期父親也會望子成龍，教師則期盼殷切，都會因為孩子是否獲得了成績而歡欣鼓舞，或是憂心忡忡。強盛的植物慢慢長出花苞，果實的豐收近在眼前 —— 這時增加肥料就可以了。

此時學生也會對學習產生了明確的認識，也能清楚認識一般規律和規則；具體則表現在邏輯推理上，獨立思考能力也在逐漸加強，並且可以牢記一些固定的原理。這時的道德觀念逐

漸成為思想特質，思想特質又會變為性格與能力。最終思想與
願望統一在一起。思想就是客觀存在於人內心的反映。人怎麼
想，就成為什麼人；成為什麼人就會怎樣想（也就是正直的人）。
思想是那些客觀存在的動因；它又成為思想特性的理解基礎。
沒錯，人是怎樣的人，會怎樣想，怎樣做，他的上帝也一樣，
上帝怎樣做，人就怎樣做。每個人的心裡都有他獨特的上帝。
倘若每個人都認識了這一點，那麼他就能理解人的行為。如何
才能看到培養是否成功了呢，主要參照下面這些特徵：感官得
到了鍛鍊，體力變得強壯而靈活，這成為個性基礎；直觀能力
變得活躍而健康，這能夠增進記憶力的加強。這成為一切真知
的基礎；思考能力得以覺醒，探索的興趣以及自由發揮的願望
都可以以口頭和筆頭的形式表達出來；全身心的為真、善、美
服務 —— 思想、感覺、願望和才能得以統一，並稱為我們蓬勃
向上生活的最高理想。

　　上述都是我個人的一些說明和指點。這些說明和指點到底
可以在教育和課堂教學中產生怎樣的作用呢？可以說作用很
大 —— 也能說一點不發揮作用。作用很大是指理解人的天性
本質是來源於自身生動的觀察；一點作用都沒有是指有的人會
將我的這些看法當成是外來的異端邪說，胡編亂造出來的。不
管是教育家還是教師都要進行積極的創新，都要形成自己的教
學節奏。站在學生的面前，教師應該做到成竹在胸，知道如何
進行課堂教學，用怎樣的方法教學；什麼時候應該進行抽象上

的概括，什麼時候不應該抽象概括，以免將學生尚未成熟的思想束縛甚至扭曲。過晚肯定有害處，過早一樣不好。誰都在力圖成為一名合格的教師，誰都不想成為一個專橫自私、違背自然發展規律的教師。當然也沒人願意做一個沒頭腦、傲慢又愛斤斤計較的教師，這種教師總是喜歡自吹自擂，自命不凡，自誇自己有著高超的教學本領，有的時候居然敢在學生面前肆意的汙蔑那些歷史和文學史上的偉大人物，甚至自己編定一套框架，慫恿學生抨擊歷史上的偉人，這種行徑引發的惡果就是嚴重擾亂了學生的思想，對那些人類歷史上具有重大影響和功績的崇高思想造成了極大的破壞。事實上這種教師是在蓄意抹殺人的天性。他們居然會大言不慚，揚言只有應用他們的教學法才能做到為上帝，為神聖事業及為他們自己的胡編亂造而服務。這可真算得上是「蚍蜉撼樹，自不量力」！

站在學生立場進行課堂教學

　　學生的立場應該成為課堂教學的出發點。在教學前教師應該認真鑽研學生的觀點與意見。由於智力的發展往往與持續不斷的規律緊密相聯，因此教學需要遵守這個規律。持續的教學原理認為必須依照這個持續不斷的規律。然而這個教學原理總是會被誤解。我們需要在教材與課文中尋找不間斷性（在這個問題上裴斯泰洛齊卻與他的主觀願望並不相同，他的作品《母親讀物》中有具體的表現）。在教學中，有的教師還常常用一些莫名

其妙的練習來代替學生的自由發展，甚至將機械教學法引到學校中來，這對學生的思想是嚴重的束縛。事實上持續的教學原理和主體，也就是所教的個體有密切關係。在課堂教學中對其中一個學生持續教學，對其他學生來說就並不持續。就好比一個人個子不高，另一個人則是大高個子；一個人腳步輕盈，另一個人卻步履蹣跚，儘管大自然沒提供七里靴。到底什麼是持續教學原理呢？我們的看法是這個教學原理就是要求教師要有步驟的啟發學生進入年齡與天性相符的主動性階段，以此來達到發展學生主動性，可以讓學生透澈認識事物本質這個教學的總目的。

　　裴斯泰洛齊的教學思想認為，在教學中主觀教學論占支配地位。有人將這個教學論稱作是主觀教學方法，儘管這裡用「方法」一詞不是十分貼切。也有人對裴斯泰洛齊的主觀教學論持反對意見，並提出了客觀教學論，所謂的客觀教學論就是依靠客觀尋找最高的教學標準，客觀等同於方法。我的看法是這些相異的見解暫時是可以通行的；教育在今後的發展中這些教學思想還會得到不斷的補充和完善。我們目前的看法是主觀教學論相對更有道理一些。學生的發展都是一點點開始的；就這一點而言，客觀教學論更加正確，事實上客觀方法也剛好是主觀方法，這兩方面的爭論更多的是糾結字面上的不同而已。客觀認知的加深就是要找到一種真正適用的主觀方法（最好是找到課程的主觀方法）。

　　和這個教學論有相近關係的理論是徹底性教學論。我覺得在這裡有必要簡單說明一下。徹底性的對立面就是表面化、膚淺、面寬與平坦性。目前這個教學論還沒得到人們的承認。但教學徹底和普及這個說法倒是被不少人接受。就算如此，這個教學原理也總是會引起人們的誤解。這個教學原理要求教師不可以在課堂上一遍一遍講個沒完，直到學生頭腦中不再有模糊的地方為止。事實上這種教學方法反而會打斷良好的課堂教學。舉例來說，沒有哪個教師願意把教算術課的課時進行延長，直到學生能夠將所有的數目用加法演算一遍，這種教學法根本是錯誤的。我們應該啟發學生竭盡所能的學習，讓學生在其學習過程中主動前進到下個學習階段，這樣最終獲得的教學效果就與學生的發展階段完全符合，而且一定能獲得比較優秀的成績。一般對於那些低年級的學生而言，切不可滿堂灌課文。對智力的培養要認真進行，對難點和疑點可以反覆推敲。因為只有每時每刻，依照學生智力發展的不同程度著重講解難點和疑點，才能讓學生更加透澈的掌握課文的全部內容。倘若教師誤解了這一點，那他就很容易將課文弄得碎片化，課程劃分得過於精細，學生的練習壓力層層遞增。

　　以上這些意見十分重要，我在這裡有必要再提出一點意見，也許能夠有所幫助。

　　對學生的觀點缺乏了解就很難進行井井有條的教學，就不會懂得在教學中如何創造條件，更不明白教學的主要環節組

成。道理與創作一部作品並無不同。一個優秀的作家必須且應該首先了解其受眾的意見與喜好，作家要構思一部作品就先要周密思考，反覆斟酌，否則就是無的放矢；一個優秀作家創作時能做到心中有數，哪些段落要深淺得宜，哪些段落要簡單處理，哪些段落要精緻刻劃，哪些段落要盡情描述等等。

但這並不是說讓教師簡單了解學生的觀點和意見，並非如此。教師需要全面深刻的了解每一個學生的具體觀點和意見。如何能做到這點呢？教師先要理解生活，懂得年輕人的心理，尤其要懂得具有健康人的理解力和具有豐富經驗的成年人的現實觀點，科學教育應該摒棄一般的經驗。對教師來說這是非常重要的。我們的學生常常站在現實立場上，在學習中他們也會累積經驗，這個情況非常重要；因為學生與自己的經驗關聯密切，因此這就成了教師教學出發點的根源。學生自身累積的經驗相對並不成熟。這需要教師孜孜不倦的啟發，讓學生自由發表意見，甄別是非。這時教師就需要靈活用近代科學知識來肯定學生意見中正確的一面，否定錯誤的意見，引導學生積極總結經驗，將學生的經驗上升到科學的觀點。這也完全說明在少數健康人的認知中一般還存在著錯誤的觀點與結論。在這種情況下教師需要特別細心、嚴格和正確處理問題。教師的正確處理方法為後人提供可鑑之轍。若是從一些規則上習得這種本領是很難的，這是教師的實踐；讓學生真正意識到自己在糾正錯誤，讓其克服片面，向正確方向前進，讓學生從心裡將教師當

作是自己的指路明燈和光明使者。

　　有的人未必理解我這些提法，但也有人能理解，並感到歡欣愉悅，因為我的想法與他們的想法不謀而合。我們倒曾洩露過一個祕密。過去一些經驗豐富的教書先生都有一套教書經驗的祕密，如今卻有人將他們這些教書祕密捧得很高。但是也有人對他們的教書祕密持否定態度。剛剛我們提到的祕密事實上是種教學規則，我們覺得這個規則是由模糊向明確過渡的原理。儘管這個教學規則闡釋了由混沌世界到卵孵化動物自然生命的發展進程，智力思維向前發展的一般規律，但這個規律還有些奧祕之處。為了清晰起見，我舉一個物理學的例子。

　　和運動品質的動力問題有關。讓學生解題。教師問：一個活動的物體作用在另一個活動的物體，這個作用是什麼原理。學生學過活動物體的品質：品質越大，作用就越大，作用與品質成正比。一般人的理解力能夠達到這種程度。這時教師需要對學生的想像力進行啟發，讓學生充分發揮理解力，在這個基礎上繼續問：作用提高了品質是否也會提高，兩倍和三倍的品質會否產生兩倍和三倍的作用。這就成為引發學生想像力的新方法，由模糊到清晰，一切合格的課堂教學都應該這樣。

　　接著教師就要提問速度的作用問題。大多教師只會教學生懂得：速度越快，作用就越大。再深一些的原理，學生就不知道了。作用和速度有直接關係就是學生能獲得的明確真知，但是這個真知不如第一個問題直觀。教師需要引導學生發現這個

問題，並且還要向學生提出，學生不單懂得了一個真知，同時還一舉兩得，教師由此也清晰掌握了學生的進展，而學生也由此學會了獨自思考問題。這時教師能夠從學生的表情上發現啟發式教學法是多麼受歡迎，於是內心就會熱情澎湃，感受到時光的美妙和當教師的幸福。

　　第二個例子是引力及其作用。教師會先引出施於底板的物體的重量或壓力作用問題。當學生知道了物體的重量就是引力的序列時，就能夠模糊認識到，作用與原因有關，原因和作用有關，於是就直接獲得結論：重量越大，引力就越強，該物體是其他物體重量的兩倍，其引力也是其他物體的兩倍，地球引力於兩倍重量的物體發生作用，這個作用和重量有關。這樣的結論顯然是錯的；但教師需要允許學生做這樣的結論，這樣鍛鍊普通人的理解力也很有必要。能認識到這種程度，學生也顯示出一定的理解能力；教師需要表揚這些學生，雖然教師必須認真糾正這些不正確的結論。但教師糾正錯誤時務必要詳細、透澈講明白這個問題。透過這樣的課堂教學方法，學生不但學會了課文內容，同時也能收穫一些最基本、最重要的方法，進一步明瞭普通理解力與經過科學培養的理解力的天壤之別，切身感受到教育無法估量的價值。依照這樣的成功教學經驗，完全說明了我們教學原則的正確性。可以肯定的是，教師只有愛學生，對其精心培育，教學才能獲得成功，有什麼會比收穫一些判斷力與實際知識價值更高呢 —— 此時教師又能感到教學

的幸福。教師會由此認識到培養靈魂需要出自真心這個道理。相比只會激發學生情感和感覺的方法這種教學法事實上更加有意義。

　　課堂教學和教學內容必然要遵循這個教學內容的特點進行適當的處理。世間千變萬化的事物切不可用千篇一律的方式來學到手或教會學生。但是這個客觀觀點並非青少年課堂教學的最高觀點，主觀觀點才是。到底如何依照人的天性和學生的觀點去設置教學內容呢？優選教學方法是最高觀點。我們需要依照不同年齡的兒童、少年、10 歲或 14 歲孩子的特點來處理具體的教學內容。

　　再舉一個語文教學的實例吧，學習母語及外語的實例。嚴格來說，在青春期之前對孩子進行抽象語言的教學是十分不恰當的。孩子只能學到具體的語文教學。教師能夠向學生強加抽象語文教學，但很難產生活潑生動的效果。對孩子進行抽象語言教學的主要問題在於教師把那些死板的語法定義強迫學生學習，這事實上是對學生的精神的折磨，例如教師要向學生強行講解名詞是什麼，動詞是什麼，主語是什麼，賓語是什麼，冠詞是什麼等等。這成了徹底性教學論錯誤表現的實例，運用此種教學法的教師最高只能勝任初級教學。

　　「名詞就是個詞，在這個詞的前面可以加 der、die、das；動詞可以按 ich、du、er 變格；主語要用 wer 或 was 提問，賓語要用 wen 或 was 提問（帶主語和動詞）。」小學生懂得了這種簡單

文法就能夠在今後的學習中發現千萬個主語與賓語，習得這種
句子成分要遠勝學習哲學語言學家為語言下的定義。到底這種
教學方法怎樣在低年級實現呢？簡而言之，教學方法由學生的
意見決定。依照外部特點準確的發現事物和甄別事物是學習知
識的首要階段。一個小矮人看一棵高樹，他不會將這棵樹和房
屋或是船隻做比較，而是和灌木或草本植物做比較，這是很顯
然的。這個例子很說明問題了。這棵樹的影子會經久不息的留
在這個矮小之人的記憶裡。孩子學習語言的道理也一樣。誰研
究事物要是先從事物內部開始研究，他會毫無收穫，最多也不
過是鸚鵡學舌，這樣的教師不把孩子的頭腦弄亂才怪，會讓孩
子失去本來的理解力。知識混亂比無知可怕得多。要糾正孩子
的混亂思想比糾正懵然不知的孩子思想更加困難。總而言之，
在教學中，學生的主觀意見發揮決定作用。

　　盡量少教！這個教學原則與我們下面要論述的有關，現按
順序進行論述。

　　老教師教學一般愛用滿堂灌，老教師算得上桃李滿天下，
粉筆生涯豐富，他們的筆記本上都會累積許多和拉丁文文法有
關的資料。但這些老教師就喜歡頭頭是道的灌輸學生，他們這
些人極為固執，覺得學生聽不懂也無所謂，反正學生可以向教
師請教，學者不會被難倒。

　　哈，多麼荒唐，這種極其古板和腐朽的教學觀點居然會在

近代教學實踐中出現。這種古板腐朽的教學觀點與時代的潮流格格不入，這絕非是個學生可以反覆請教的問題，這種滿堂灌的教學觀點和方法一定會對學生的理解力產生嚴重的擾亂，影響學生的學習興趣，對學生的進步產生阻礙，削弱學生的記憶力，只要不適用的東西都是無用的。

接著讓我們再舉個拉丁文教學的實例！遵循外語教學原則，學生學習拉丁文應該從 a 開始，不應該從 e、as 和 es 開始 —— 學習動詞不該從不定式開始，不該從分詞、動名詞甚至語法上一些罕見的詞開始等等。只要是目前不適用的，不需要的全都不用學習。教師盡量少教為好！教師只可以教授學生最主要和基本的知識，如此教師就能夠全面的施教，教學生練習萬無一失，這樣學生就能迅速自覺的學習，如此學生既收穫了知識，學習也能扎實、徹底。這就是徹底性的意義；所有影響進步的學習都歸類為錯誤的徹底性，都是浮皮潦草的學習。

年輕的教師也應該對不徹底的教學負一定責任，他們的缺點是現學現教。優秀的教師會隨著學生年齡不斷增長而一點點增多教材的內容，並且遵循一個適度和限量。這才是合格的教師。倘若在低年級的拉丁文教學中也能有這樣合格的教師該有多好！

關於無意義的知識的兩個教學原則

　　不要在學生學習時對學生講授無意義的知識、不講授對學生未來無意義的知識。

　　看起來這兩個教學原則似乎存在悖論，或者很少有人理解，但這兩個原則的意義非常重大，毫不誇張的說，漠視了這兩個教學原則（尤其第二個），教師會失去大部分的教學效果，甚至負應承擔的歷史罪責。倘若違背第一個教學原則，就會讓學生對學習失去興趣，對教材逐漸反感，學生會認為日子過得慢；若是違背第二個教學原則，就會誤人子弟，讓學生在以後的日子裡一想起虛度年華的校園時光，就悔恨莫及，對教師產生怨恨，這對學校和教師的形象來說極為不好。真要如此，我們就得重新重視或評價這兩個原則，我們在這裡只是提點建議。

　　教師先要深入鑽研這兩個教學原則的實際內容。思想早於願望，沒有願望就很難行動；理論指導實踐，理論要指導實踐。倘若實踐無法成行，就修正理論。這兩個教學原則事實上都十分被動，是由於我們發現教學中的錯誤及學校裡的諸般弊端才總結提出了這兩個教學原則。我們提出這兩個教學原則的依據是什麼呢？

　　第一個教學原則的依據是：課堂教學要遵循學生的接受能力，即是說，要遵照學生目前的意見與觀點，而不是遵照學生未來的觀點。用一句話來總結這個教學原則就是：不要超前施教！

　　讀者馬上就能注意到，理解這一原則不能全盤照收，人們

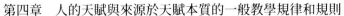

能對這個教學原則提出看法，儘管不是反對原則本身的真實性，但我們可以試著從生活問題的角度提出問題。想像一下一個 10 歲、12 歲或 14 歲的孩子年紀輕輕就遠離了校園，以後要怎麼辦呢？難道我們不會為他們著急嗎？我們認為可以依照實際情況靈活施教，我們教育家並非統治者，但我們要懂得解決問題的正確方式和變換方法，這樣就能避免犯錯，可以更好的解決問題。到目前為止，恐怕大部分教師都無法完全理解我們提出的種種教學原則。這些教師總是埋頭教學，埋頭苦思，對這些問題不屑一顧，但將來會有一天，他們的生活以及生活的痛苦，會為他們揭開這些他們不懂的教學原理的祕密，滌蕩他們的糊塗靈魂，軟化他們的堅硬心腸，啟迪他們的覺悟。事實上這些教師常用的教學方法幾乎都是逼著孩子硬記那些難懂的句子和教規，這時期的兒童不管是頭腦還是心靈尚未成熟，沒有學習這些刻板知識的能力（無法容納更多知識）。低年級就教授宗教學是十分不妥當的。但還有一種課堂教學會造成更大的危害，就是讓學生硬記聖經、聖詩和基督教義問答手冊，這種教學方式會讓學生這一生厭惡宗教教學。有的人想要扭轉這個局面，試著消解學生最初留下的不好印象，但都以失敗告終，這是難以挽回的錯誤；還有些人，他們胸懷令人厭惡的感情，長期混跡於軟弱的青少年之中，試圖彌補因為這種宗教教學造成的遺憾，但同樣於事無補。成年人能夠很快領會知識內容，青少年卻難以領會。面對這種情況，教師務必要遵守不要超前

施教的教學原則。一旦你被施加壓力（這常常表現為表面現象，你隨便盲目追隨古老腐朽的世俗），那麼你能夠隨機應變，不要讓人討厭，把不好消化的食物消化掉，做好吃的食物！

　　第二個教學原則比第一個原則更加重要。從目的上來說，這個教學原則是防止學生在將來回味學校生活時，不會為年華虛度而悔恨。那些心地單純、道德高尚的成年人，他們在社會生活中會深刻體會到書到用時方恨少和所學無用的痛苦，就抱怨當年教師的教學方法和教師本人，這難道僅僅是情不自禁嗎？難道這種現象少嗎？原因到底在哪裡呢？其實就在於教師運用的無意義的刻板課堂教學；問題大部分出在教學內容上，當時教師可能也考慮到了學生年齡的問題，但教材內容只符合成年人。有人宣導要按照上帝教育人的方法來教育人或教學，這話有沒有道理，讀者可以自行思考，我們在這裡只是提出我們的看法。但有一點可以肯定，學生在學校學到的很多事情對成年後的他們來說並無用處，這些事情多麼幼稚可笑，成年人覺得在學校所學東西不過是權宜之計，形式主義罷了，這些幼稚可笑的事情表面看來與成年人有關係，事實上卻空洞無物，所以成年人早就將這些事情丟到九霄雲外。難道還需再舉一個例子嗎？舉一個舊約全書故事書的例子 —— 讀者自然能想起那些舊約全書中的故事，教師將這些故事書交給兒童，甚至能人手一冊，之後不管不顧。孩子出於盲從和信賴恭敬的接過故事書，珍藏起來，但之後又如何呢？

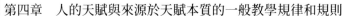

這種教程的紕漏就是本末倒置，顛倒輕重，這些教師錯誤的認為民族意識的重大觀點（「上帝的子民？」）就是人類普遍觀點的發展進程，將孩子放在一個錯誤的位置。雖然這種不好的傾向早在一定程度上得到糾正，然而，切不可忘記，這也證明了這些教師目光的短淺，想不到如此教學的嚴重後果，離校後學生會由於學而無用而追悔莫及，甚至從此以後再不會重視任何教材，蔑視學校，蔑視那些灌輸給自己無用知識的刻板教師。我們主張的這個教學原則與此剛好相反：「一旦學生發育成熟，成年後就不再教授學生對其未來沒有意義的任何知識！」簡單來說，不要教得太晚！（這和「不要超前施教」相輔相成。過早是指學生發展階段未到，過晚是人文化修養成型。）

我們已經理由充分的說明了以上兩個教學規則的內容。但還有些因素需要讀者獨立去思考。在通常情況下，成年人不管是在教學形式與教學內容等方面都沒有蔑視學校的理由，蔑視課本和教師，但他們常常杞人憂天，害怕自己的孩子將來也會像他們一樣遭受相同的命運和痛苦。具備近代精神的學校通常都會在教學上收穫成功，不會重蹈覆轍，讓孩子再遭受到父輩的痛苦，他們會在相對理智的教學論與教育學的指導下好好學習；但目前也確實存在一些本末倒置的學校！還有些學校依舊跟不上時代精神。希望這些學校可以接受我們的忠告！

直觀課堂教學

　　我們認識到所有課堂教學的重要性，遵循自然發展規律提出這個教學原則。這個教學原則同樣非常重要，雖然很少人理解它的重要意義。這個教學原則是改革課堂教學的基礎原則。

　　倒是我們的全部認知是否都源自於感官直觀，這個沒有答案的老問題我們在這裡暫時不做討論。有些學識淵博的研究家不僅將抽象思維加在形象思維上，甚至還覺得這兩者是對立的，只是形式不同。可以肯定的是，不管在青少年的哪門學科的課堂教學中都要遵循直觀教學原則。

　　人的智力發展是由對外部世界的觀察開始的。觀察外部世界能夠激發智力感覺，而智力感覺又與直觀關係密切，直觀又由理解上升到普通想像和概念。所以概念要在直觀上建立，而直觀又需要在發現上建立，否則以上原則就顯得空洞無物。

　　從盧梭與裴斯泰洛齊時代至今（當然我們在很多方面都要感謝這個時代），和這個問題相關的議論很多，各持己見，似乎是說直觀教學原理只能在初級班教學應用，例如數學和幾何。這些意見當然十分片面。一切青少年的明確意識都來自直觀，於直觀產生，不管是認識外部事物或是內部精神狀態都來源於直觀本身。形象思維能力包含兩個方面：一個來自外部，另一個來自內部。借助其中一個方面的感官來認識世界上的個別事物；借鑑另一方面，個別精神狀態就會在意識之前出現。因此得來的想像我們稱作外部和內部直觀，這種功能就為我們闡釋個別事物的本質。直觀教學原則對所有學科的課堂教學都是適

用的，不管是宗教課、語文課或是數學和幾何課都無法離開這個教學原則，所以我們的看法是學生有必要理解形象思維能力的兩方面的意義。理解力本身就依靠直觀力，透過刪除非共性的東西，概括共性特徵，進而形成高級或普遍的想像和思維。直觀教學原理要求：由直觀出發，一直進展到思維，由個別到普遍，由具體到抽象，次序絕不可顛倒！所以這個教學原則對於全部學科的課堂教學都適用。只有運用這個教學原則才能改變課堂教學中的弊端，例如學生學習索然無味，只會死記硬背，精神萎靡以及形式上的考試等。當然，這並非絕對，不是全部學校和學科教學都要求一樣，但一般情況下實施直觀教學原則都沒有問題，倘若做不到這點，也應該採用一些其他有效方法，例如掛圖教學法，讓學生追憶校外的活動情況，比較法或是類比法等等，同時我們也應該承認，培養學生智力只有貫徹直觀教學原則最為有效，不然教學就會落空，例如教地理課忽視地方誌，忘記地圖和直觀教學掛圖等，上歷史課沒準備歷史大綱，教宗教課讓學生死記硬背那些古板的信條與警句，這的確是阻礙學生前程的形式主義教學，這種學習是為了學校，而並非為了生活本身，後果就是將學生推往失望的絕地，讓學生感受不到學習的樂趣，感到生活無助和前途渺茫，又讓這些人將愚昧傳播給後代。倘若學校無法在這方面償還學生生活的損失，那麼人們會一直束縛在精神奴役之下，他本人卻對這種沉重的壓力一無所知。所以說，教師想真正培養學生的智力，

就應當切實認識到自己擔負的使命，認真學習並領會直觀教學原則的重要意義，提高自身的直觀教學能力。教師教學的價值往往取決於直觀教學能力。

倘若我們看看現代社會發展，看看現實生活和文學作品，那麼我們就能發現越來越多的人開始認識到形象思維的重要意義。當然了，運用形象思維方法的範圍會不斷擴大，前途十分可觀。與直觀理論相反的一些空洞理念現在已少人問津。如今不管是在社會生活方面或是科學研究領域，不管在課堂教學方面還是教育方面，人們都要求親自「在映照世界的大舞臺上」觀察具體的事物，親自尋找事實和真相；人們不再滿足於推理，不滿足普遍的規則和抽象的概念；人們希望親自體察事物，直接認識事物，親自經歷事物，人們渴求真實的生活，不滿足抽象的理論；人們迫切要求公開的觀察方法，宣導一切要直觀。人心所向，眾志成城。我們不單單從務實的商人那裡聽到這種聲音，並且從思辨哲學家、理論家和實踐家的口中也看到了這種想法。所以課堂教學應該面向進步的生活，要展現直觀教學原則！在這方面我們沒有深刻的理論；但我們矢志向這個目標奮勇前行。一旦教師貫徹直觀教學原則，就應該從最初一個最小的事實開始，從一個實例起步，絕不是從規則和原理開啟。規則源於實例和原理的抽象，反映來源於事實，若規則沒有實例依據，若原理沒有事實依據，就都是難以理解的。偉大的心理思想家康德對此表述說：「沒有直觀的概念空無一物。」

　　如今人們到處「呼籲直觀」。我們可以義正言辭的向全社會宣導每種學科的教學都要直觀！我們的呼籲從未停止。雖然我們到處呼籲，但現在仍有很多教師冥頑不靈，執迷不悟，仍舊死抱著舊學校的抽象教學法不改。倘若他們稍稍注意一下兒童想像力的發展過程，他們就能若有所悟，那樣就有了希望。

　　所有認識的基礎源自感覺和感受，或者就像魏思（Weip）所說，情感。人在感受時並不能截然分開主觀和客觀。感覺的東西與被感覺的東西為同一體。這時意識難以區別事物。所以我們要積極啟發學生，讓他們的注意力能夠自然集中在一個事物上，他們得以直接觀察事物，並將事物看作是表面現象，之後再進一步認識並掌握事物的特徵與實質。客觀事物激發感官，引起感覺，刺激注意力，讓人進行觀察，進而對事物產生直接想像（形象）。人想像這個事物源自於感覺，之後深化認識，並將想像據為己有，在記憶中保存，但不保存事物本身。這種想像就成了他的財富，之後分類區分保存的各種想像，區分事物與想像的區別，自我意識從而產生，一旦事物成了人的想像，人就能自由支配這些想像，用來發展其智力。此時記憶裡儲存的很多想像與事物本身再沒有關聯，人們能夠從中進行抽象，並且不用考慮個別事物的特徵，進而形成新的想像（概念），還能因此而創造詞句。詞句源自於感覺中直接提煉的象徵，是經由自由想像或從自由想像中萌芽的概念的象徵。這才是內容滿滿的想像，而不是空洞的想像。事物僅僅引起感覺，人就無法

自由支配它。所以康德說：「沒有概念的直覺是盲目的。」我們還要在這裡加上一句：無直觀的概念則是空洞的。近代新型學校應該遵守這樣一個大的教學原則：主動性要經由形象思維，並以直觀為根據。（一）主動性以智力為主要形式。（二）直觀形象與生動的思維為內容。（三）自由活動的思維來源於直觀，思維成熟後就顛倒過來：說清楚一切思維。老式學校默守陳規，習慣追求抽象教學法，排除直觀教學法；新式學校則願意創新，極力宣導主觀教學法；在課堂教學中力主於直觀 – 具體 – 客觀教學法，把主觀與客觀教學法有系統的結合起來。所有力圖滿足近代教學論要求的教師，希望他們能加深思想認知。下面我們將繼續闡述我們提出的教學原則。

由近至遠，由簡至繁，由易至難，由已知到未知

　　這個教學原則涵蓋四個不同的教學原則；這四個教學原則關係密切，應該正確理解，不要偏廢。所以我們把這四個原則一起表述出來共同討論。

　　這四個規則的根據和來源，我們在直觀教學原則和自然發展規律教學原則部分已經提過。若是教師想要遵循直觀教學原則和自然規律施教，那就需要嚴格遵照這四個原則。

由近至遠

　　在兒童身心發育中，從識得搖籃到見過臥室、家庭、環境

和縣城，最後認識人與「極其狹小的世界」，這是普遍的認識規律。當然，這四個教學規則並非無所不包。有時精神生活看起來似乎很近，但換一個觀點來說，它似乎又很遠。所以長期以來，人們就覺得關於造物主和上帝存在的想像似乎已經遠離人的精神，在人們認為能夠談論上帝前，就已然覺得有必要預備好人為了。其實這種想法並不對。「由近至遠」這個教學原則並不是讓學生在認識太陽系前就要先學會整個歐洲的歷史，不是非得先學習 18 世紀歷史，然後學習天國歷史；由於一些形而上的東西離人很遠，雖然空間和時間無限大。我們需要將這個規則與其他規則有機結合起來運用，不能孤立運用，否則會用錯；然後和正確的思想建立連結。這個原則的全部價值並非一時半會就能看到，至少在很長一段時間內看不到實踐的可能。所以，具體、直觀往往很近，抽象很遠；因為直觀，所以需要由近至遠。

由簡至繁

我們要同時正確認識這個教學原則的意義，不要將這個原則與其他原則截然分開，切不要截然分開。這個原則與下個原則息息相關。

由易至難

通常簡單即容易，複雜即困難。這個規則與能夠看到的外部事物有直接關係。學會低等植物和動物的一部分，肯定要

比認識複雜生物要容易得多。研究簡單的運算程序與簡單的圖形比鑽研錯綜複雜的算術題要容易。但是就因為簡單也往往意味著複雜。例如說，我們以不斷發展的智力去認識具有很多特徵的個體，只有不同時思考這些特徵時，才能轉為簡單些的想像和一般想像，之後上升為概念，最後提高為最一般和最簡單的想像。這裡組合的想像比一般想像更加接近兒童智力。組合的想像在一般簡單想像前發生。倘若我們明確觀察這個發展過程，那我們就會發現這樣一種情況：人的智力先由感覺來認識感官對象的所有簡單特徵，例如，我們先發現薔薇花的顏色或是太陽的光線，之後一點點掌握薔薇花的別的特徵，結合成整體後再來發現一個含有無數個特徵的個別薔薇花。然後發現薔薇花和薔薇花間的區別，這就形成了薔薇花的概念。以一個簡單想像與一朵薔薇花的想像加以對照，借助薔薇花與其他相似的東西進行比較，就產生了花、植物、生物及對事物的概念，智力由此來到最簡單的想像，這個最簡單的想像通常只包括一個特徵，不能再分解與一般化，這個想像就是系列想像的終點所在。在系列想像的另外一端，也就是起始點，同樣存在著一個最簡單的想像；最簡單的想像會對相關的一系列的想像產生限制；人們由最簡單的想像起始，最後又以最簡單的想像為終。在一系列想像的過程中存在組合想像。簡單的感官想像成為起始點，簡單的抽象成為終點，誕生了最簡單的概念。感官組合想像在起點存在，抽象組合想像更接近終點，所以從起點到終

點過程中有個過渡階段。人與自然的發展過程即是進化；科學研究要依照與此相逆的過程，由一般出發，再到特殊與具體。基礎發展過程與傳統的科學表述是相悖的。

所以我們需要正確認識「由簡至繁」這個基礎教學原則。在認識一棵植物的某個部分或其他細小部分前，首先要觀察這個植物的全貌，從認識最簡單的容易觀察的部分起始。最簡單的、最個別的、最具體的並非起點，而是最早的。但具體而個別的卻是永恆存在的，抽象的則未必。這個區別無須懷疑。甚至到了近代人們也總是忽視這一點。想像一個動物比想像個別動物種類更加接近；但只有經過直接觀察個別的、個體的動物才能想像出一個動物。再舉個例子，理解一個簡單句的成分，應該先理解這個句子的特殊成分，掌握不同句子與複雜句子的特殊成分；所有句子都是由個別句子發展而來。

所以，「由易至難」這個教學規則非常正確，無須論證。人的力量是一點點生長成熟的。但這並不是說也無法強求在本書後面幾章不會發現較容易的問題，似乎容易問題都要放在前幾章中論證不可，這其實並不好做到，做不到的事又何必執意要做呢？按規則進行的教學就像是按計畫旅遊，人們想透過旅遊增強體格，激勵精神。但人們旅遊時並不想先攀登阿爾卑斯山和庇里尼大山，在涉險攀登那些高山之前，並不是非得先登上一個個小山坡。這裡的辯證邏輯是，旅途既有康莊大道，也有崎嶇小路，時而辛苦，時而放鬆，旅遊的初心本就是激勵精

神，增強體格。生動的課堂教學與這個道理一樣。生活中沒人不厭倦單調，人人都喜歡花樣百出，「每種方式皆為美好，」法國有句俗語：「唯獨枯燥方式除外。」

從已知到未知

這個課堂教學原則是四個教學原則之首，統領其他原則，意思是說，當別的教學原則和這個原則有衝突時，這個原則處於優先地位，其他原則就要退避三舍。這個規則尤其適用第一個和第二個原則，一般與第三個原則保持一致，因為已知容易，未知困難。倘若把遠的和繁的看作是已知的，那麼要從近的而非從簡單的當作起始點。人的智力發展過程也如此，所有事物都是由未知到已知，並用已知作為比較與綜合，用來掌握未知，讓未知轉變為已知。在教育中除此並沒有別的方法。有的時候一些教師妙想天開，在教學中先由未知開始，並且將未知限定在一個框框內，再顛倒過來，這種方法顯然行不通。只要想不通，事實上也一樣行不通。我們可以新舊對比，陌生的與熟悉的對比，總之，只有將未知的與已知的，將新的和陌生的與智力進行結合才能產生效果。已知的總清楚，未知的常模糊。想要從未知到已知，又要認清模糊的，要讓光線穿過黑暗去照亮，這顯然自相矛盾，也不合理。以學習外國語舉例，一個人想要學習一門外國語，需要以一種語言作基礎（除非嬰兒在異國出生）；學習外國語需要以母語為根本。即是說，學習外

國語要以外國事物來解釋，這即是透過一個模糊的事物說明模糊的事物。透過外國相關的事物解釋本國的事物，正確了解一個事物需要將它與相關的事物來做對比。——除了依靠已知再沒有其他任何方法能夠用來掌握未知。要知道陌生的植物、動物、人、語言、概念或事情都需要與已知結合起來考慮。所以說人們要先觀察人，之後再觀察上帝，不能顛倒，為什麼？因為我們不能直接觀察到上帝的本質，只有與已知的人的智力情況相對比才能理解。由此得出，直觀以外的事物只能借助直觀的事物才能清楚認識。這個情況在語言文字上有著尤為突出的表現，語言文字要表達那些不可見的東西和永恆的東西要用詞，詞與詞根很難顯示想像，都借助直觀得來，比如，Allmacht 與 Allwis-senheit，Unveranderlichkeit 與 Unbegreiflichkeit 等。一切不和已知、直觀的想像相關聯的東西，對我們而言都永遠是個 X。所有不能直觀的事物，一切未知事物都要用已知事物，以圖表和類比法協助理解。所以，「由已知到未知」教學原則涉及範圍極廣，意義重大。鑽研科學和體系能夠從最一般、最遠、最抽象和最未知的開始，但基礎教學和培養教學切不要如此。倘若學生不將一般的和未知的知識與特殊的、已知的知識對比著理解，那麼教師至少也不要利用科學研究的方法進行教學。從很多透過研究科學的方法學習而遭遇失敗的教訓中能夠呈現這個問題，所以此時學生還欠缺將高度的抽象與本人實際情況有機結合的本領。這世上沒有任何一門科學是由抽象到具

體的；我們需要遵循自然發展規律進行教學，先要觀察科學，之後建立體系。「由已知到未知」教學原則對於一切培養青少年的課堂教學都適用，絕無例外。所以教師要建立一個評估自然規律教學的原則。

為了闡釋這個教學的重要性，我們要將這個原則提升到特殊教學原理的高度。

要用基礎教學法施教

大學裡一般會採取研究科學的方法教學，大學教學往往會從一般原理、公理、說明和一般乘除方程式和圖解開始，這些事實上都包含在特殊與個別中。大學教學依照這些程序闡釋了科學的內涵。大學教學要求系統的規則、推論、所謂的進展，或是運用綜合法和系統法。

闡釋獨立的對象無法產生科學。因為人的智力先要理解或發現個別的和特殊的，在這個基礎上發展為一般的。由個別和特殊發展為一般的過程符合自然發展規律。所以每一種擴大知識面的課堂教學都要採取這個教學方法；我們宣導這個教學法是因為運用這個方法能夠充分認識和發展人的天賦，我們稱這個教學法為基礎教學法。鑽研科學的教學方法剛好與此相反，其起始點正好是基礎教學法的終點。

大部分教師都願意用那種研究科學的教學方法或方式來進行教學，屢見不鮮，根本無須做過多說明。

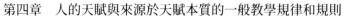

　　在課堂教學中，堅持鑽研科學的教學方法的教師是演講，誦讀課文，灌輸知識，或是說教。儘管偶而也會漫不經心的問學生幾個無關緊要的問題，但是學生的回答並不會得到重視，無法因材施教，提問最後成了走過場，提問與白提無異。在教師的教導下，學生整天埋頭聽課，讀死書，只知抄寫，抱頭苦思。教師本人呢，由於他扮演的是演員的角色，除了演講就是演講，最後成了課堂裡一個指揮的中心。

　　相反的，堅持基礎教學的教師也在科學教學裡扮演角色。他們對學生的觀點瞭若指掌，依照具體情況向學生提問，問題的深淺也由學生的實際程度決定，他們的課堂教學生動活潑，能夠激發學生的主動性，因勢利導，引導學生主動發現問題，讓學生在學習中發現新思想，收穫新知識。基礎教學法會因此讓學生和整個班級成為運動的中心，教師本人成為一種方式，以這個方式來激勵和引導學生刻苦學習，教師最終成了活動的服務工具，而且嚴格遵照上述教學論的原理。這樣的課堂教學方式就是基礎教學。

　　當然，這種課堂教學在最後階段也會教授學生一些普通的推理與推論。

　　這個教學過程即是遵循自然發展規律的培養教學。這個教學方法不僅僅要在所有的中、小學推廣，而且也應該推廣進大學裡。在課堂教學中教師先不要著急為學生講解觀點和科學，要試著引導學生主動去尋求答案，自己獨立去掌握知識。這種

教學方法事實上是成效很好的教學法，也最困難，在現實的課堂教學中較為罕見，算得上物以稀為貴。教師只會照本宣科，讓學生聽寫，這不過是兒童遊戲；但直到今天還是有些教師循規蹈矩，抱著這種死辦法不撒手，這不是件光彩的事。如今我們眼前的任務就是宣導所有的教師，小學、中學教師和大學教師都要主動採用這種基礎教學方法。有人對這種教學法的理解十分片面，覺得這種教學法只對基礎知識教學使用。事實上這種教學方法放之四海而皆準，只要是產生知識的地方，這種教學法就都適用。倘若一個大學教授不願意或是不會用提問式教學法教學，那他怎麼也要採取進展的方法或基礎教學法來教學，以啟發學生活躍思考能力。因為只有這種教學法才會讓學生真正學會獨立思考。關於這點，我們難忘的史萊馬赫（Schlei-ermacher）為我們樹立了超凡的光輝榜樣。希望那些阻礙學生智力的、刻板教條的教學方法從大學講臺上消失，希望那些只懂死啃書本的學習方法從所有學校中消失吧！學生不僅要學習全部的和現成的知識，同時還要學習那些個別的和正在總結的知識。一個合格的教師不僅要教會學生如何建造很久才能完成的建築物，也要讓學生知道如何製造磚瓦，並和學生一同動手施工，教會學生造好房子的本領。

　　整體來說，科學研究的教學方法是綜合推論、綜合、累積和論證的教學法，是一種完全教條主義的教學法；相反的，基礎教學方法則是結合歸納、分析、迴歸和啟迪的教學法。不合

格的教師逼著學生接受知識，優秀的教師則引導學生自己獲取真知。前者由上而下，由頂端逐漸尋找基礎，後者由下向上，由學生打下的基礎開始，漸漸升到頂端。教條主義與強迫教學方法源於貴族的教學法，後來由裴斯泰洛齊發展成帶有民主意味的教學法。這種教學法與專制制度相呼應，而基礎教學法則適用任何自由制度。死守教條主義和強迫教學法的教師只會效忠於民主政體 —— 那麼這裡要強調指出，這些教師需要從思想到行動都和諧的統一起來。但遺憾得很，我們發覺他們中的一些人思想和行動並不一致，他們言行不一，思想與言論明顯傾向民主化和大眾化，但其實際行動和教學又偏偏採用貴族、專制和強迫的教學方法！口頭上他們說支持大眾化，但實際行動上卻總是否定這一點。這是明顯的口是心非！事實指出，誰發自真心的用大眾化和基礎教學方法進行教學，他的實際行動會驗證他自己的諾言。可以想見，這些言不由衷的專制分子，這些教宗極權主義的擁護者對於現實正在發展的新式教學法簡直是恨之入骨，為什麼呢？因為這種新式教學法必然會培養出無數善於獨立思考、嚮往自由的專業人才。一一顯然，不管是由上到下根據政治任務的教學，還是由下向上、由內向外培養人才，是非曲直不問可知，同樣的，不管是由上到下和由表及裡灌輸給學生大量的知識，還是由下向上自由成長，由內到外培養人才，這同樣是非分明，不問可知。

知識與能力相結合

　　遵循形式教育目的，形式教育與實質教育並舉，盡可能用學科來徹底激發學生，做到知識與能力相結合，反覆練習學過的知識，直到移交給思考進程使用為止。

　　以上教學原則彼此間關係密切，所以我們一同提出來。我們在這裡闡明這些教學原則的正確性。

　　課堂教學一般會生出兩種傾向：一種傾向是教師教授學生學習某種教材，教會學生學會知識或技能，提高學生對教材的理解能力；另一種傾向則是教師經由教學培養學生的學習能力。第一種情況的教師將實質教育作為目的，後一種情況的教師以形式教育為教學目的。有的時候教師也會同時追求這兩種教學目的，因為兩者並無直接衝突。但有些學生也能透過自己的卓越天賦來掌握教材的特點，經由學習教材來提高自己的學習方法和智力。以上兩種教學目的應該有一個先後的順序，哪一個更加重要，那一個就優先。形式教育在青少年基礎教學中很明顯占據上風。小學生對大量知識的需求並不旺盛。但仍要鍛鍊或發展小學生的思考能力和語言能力，要讓他們集中注意力來認識新的課文，形式教育的一些其他特點會讓學生終生受益，不問可知，學生被培育的智力和學會的本領必將在以後的工作中顯現出來。但這並不是說以實質教育為目的的教學就變得無關緊要，並非如此，以實質教育為目的的教學依舊十分重

要，我們必須一視同仁。學生越年輕，思想越不成熟，教師就越要在如何發展學生智力上多用心。學生越成熟，教師就越要提前增加學生的學習分量，因為學生成長的力量能吸收更多的知識。若是與此相反，教師向那些沒受過形式教育練習的學生貿然增加學習內容，那學生肯定沒能力消化突然增多的學習內容，其結果就是將這些兒童毀掉。所以務必在全部低年級中，在所有國民學校中率先推廣並實施形式教育培養，到了高年級學校，若是學生受過基本能力的培育，也應該對他們慢慢實施實質教育，我們切不可忽視課堂教學裡的訓練目的，每種教材都是一種訓練項目，就算在大學，甚至到了科學院研究科學都需要借助這種以實質教育為目的的教學方法。在長期的智力培養過程中，小學教師和科學研究人員可以從形式教育逐漸向實質教育培養過渡，這可說是一個了不起的進步，最開始占統治地位的形式教育培養已經慢慢過渡到實質教育培養。每個學校都應該要求進行培養學生的能力和發展學生智力的教學。我們也能認定這是道德（倫理）教學。從長遠一點來看，培養學生的品德也是學校的目的。借助學校完成培養學生品德的目的，那就必然需要真正認識品德和教學的關係，借助課堂教學培養品德，這個問題想必讀者都能理解。── 就形式教育自身而言是沒有現實性的；一切課堂教學都要以教材為基礎的，學生需要熟悉並學會教材，完成這一步教學就是形式的，當然也可以歸為實質，正

由於學生學會了這些教材，智力才得以提高，並且加強了記憶力。

教師真正有本領，在其課堂教學中往往會發生兩種情況：

（一）培養知識。（二）收穫能力。接受知識本身算不上是什麼苦差事，這是一種主動的掌握。就這種意義上而言，培養智力與正確學習那些具有積極意義的教材是沒有辦法截然分開的。但是要將這些知識徹底掌握就需要靠學習能力，換句話說，一個學生的敏捷與熟練會在對知識的應用上展現出來，一方面會在口頭表達的熟練程度上展現，另一方面還會在做各種作業上展現出來。有人覺得將形式教育與實質教育截然分開並不明智。只要存在著只憑記憶學習的行為，我們就不可以輕易排斥形式教育的主張。要竭盡所能加深學生的認識，全力以赴提高學生的加工能力，這才是最終的目的；這兩者相輔相成。要完成形式教育最主要的不是經由學習古代語或近代語、自然科學和數學等等，而是要全面掌握所有時代的主要教育方式，也就是一切學科的整體，問題不是品質，也並非多樣化，而是要全面徹底處理這些學科。所有真正的課堂教學都不在於傳授知識，而是怎樣培養學生，例如，在技術部門裡，具體而言是在化學工廠裡，主要學習化學相關的專業知識，培養化學專業人才，這樣就間接承擔起了培養人才的作用，儘管不像學校那樣能夠直接培養人才。再例如說，在某個角度來說地理教科書其實發揮了地理辭典的作用，所以也可以看作是一種工具書！

看來現在怎樣修訂地理教科書是一件大事。在這方面也能培養人才，我覺得當下應該先修訂一部不成熟的地理教科書，重在修訂，其次是培養人才。倘若有人認為不該把重點放在修訂教科書上，而要將重點放在人才培養上，那麼我們就可以說，只是為了在這方面培養人才，一定會疏忽修訂教材；所以我們的看法是積極的實質教育並非最後目的，積極的形式教育才是最終的目的。但我們也不否認，這樣說肯定還有些言過其實。所有真正學會的東西都不會忘記，並且培養離不開教材。這就是我們目前擁有的資本；身軀中流淌著血液，智力中一樣有血液流淌。隨著資本消失利息會消失，而力量也會隨著血液而增減。靈魂缺乏普遍的力量，只能依靠實踐適當的教材，靈魂才能夠產生力量。也正因此，只有採用並不相同的教材才能夠發展智力，因此我們需要有各式各樣的教材。單一的教材只能培養一定的熟練和敏捷，但這並非真正形式教育的要求，因為形式教育只能夠依賴教材成立。我們能夠透過很多實際的觀察來確定這一點，現在我們能夠看到很多文學家，他們這些人其實不缺寫作與演講的熟練程度，然而只憑熟練怕是什麼都沒法創作出來，只有學習了相對專業的知識，只有將專業知識與熟練自由結合起來才能做出一番事業。

　　我們主張對學生進行全面徹底的激發。

　　和整個人類的各種培養相比，我們有些獨特的培養方法肯定失之於片面，我之前已經強調說，我們要博採眾長。片面性

並非我們的奮鬥目標。我們無論怎樣都要爭取全面而徹底的激發學生，在現實條件下盡一切可能擴大培養的範圍，千萬不要盲目的陷入阻礙學生智力發展的片面性中去，要將思想付諸在行動上，特別是教師本人。教師要竭盡所能的全面掌握教材，竭盡所能的讓學生進行全方位的練習。所謂的全面性不應該表現在教材是否多樣上，也並非在教師安排給學生的作業多少上展現，而是教師自身對規定的教材可以進行多種不同方式的處理和靈活的課堂教學。在課堂教學中，教師也不要只顧著讓學生複述課文內容，同時還應該注重提高學生的直觀能力，增進學生的記憶力，並依照具體的授課情況靈活教學，只要是重要的篇章，教師切不要讓學生死記硬背那些他們還難以理解或並不明白的東西，在這樣的情況下，教師要注重激發學生的感受能力，透過思想影響意志，將學生獲得的程度不同的認識再當作教師的命題，之後再讓學生做口頭上或是筆頭上的練習。只要是真正的課堂教學就必然會收穫群眾的讚揚。誰還不明白這一點，誰就規規矩矩的請教高明人士吧。── 讀上十頁一樣內容的課文相比讀一頁內容不同的課文，其效果很明顯要有用得多。培養的目的並非知識的多少，而是能夠徹底掌握並應用所學到的知識。就這方面來說，公立學校很明顯要比私立學校更優秀，因為公立學校的學生更多，情況相對複雜，程度也良莠不齊，為了照顧所有學生，教師只好從各個角度對課文進行講解。倘若私立學校的教師也可以做到這一點，那麼私立學校的

所有學生肯定將會被大家羨慕不已；因為學生在私立學校學到的知識要比在公立學校學到的知識更多，特別是私立學校對學生緊密結合能力和知識的要求。我們對能力的認知不能局限在看一個人外部身體操作的熟練程度，同時還應該看到一個人對自己所學知識的靈活應用程度，還應該看一個人處理生活及社會關係的臨場反應能力，同時能力還會呈現在一個人的口頭與筆頭表達的程度上。現在有一種令人十分不安的現象，有很多學生在學校被灌輸了一腦子的知識，可他們卻沒有學會如何靈活運用這些知識，我們其實非常有必要向這些學生嚴正告誡，儘管他們學到了不少知識，但還是堪稱「四體不勤，五穀不分」。這種不安的趨勢一般會在舊式學校產生，在新式學校裡因為採用種種不同的教學形式，教學要生動、全面得多，同時還會連結實際，已經基本克服了以上問題。一個注重啟發式教育和全面培養方法的教師，肯定可以依照基礎教學法到處找機會來完整的發展學生的智力。領讀、聽寫、預講＝耳邊風（左耳進，右耳出）的教學法萬萬不可取，教師要讓學生多進行練習。在課堂教學對學生進行培養時，大部分採取以體育運動練習為目的的教學形式，用一個傳統的詞語來說，每一個學校都是一個競技訓練的場所。曾經有學者對此說過：「到底能否每時每刻告誡年輕的教師 —— 我本人經常提到 —— 聽和讀比不上寫和說，寫和說相對更加能強化和激發學生的智力（不要照抄，要寫自己的真實看法），因為聽與讀與女生的接受力近似，活動接受

力，寫與說則和男生的接受力差不多，需要運用創造力。」每一堂課的教學不僅僅是語言教學，同時還應該是講話教學。「好吧，讓我好好了解你！」

這個教學原則的最後一項要求是，學生學到的知識要一直保持到下一個思考進程完全消化這些知識為止。這是不問可知的。

我們當中任何一個人想要掌握不熟悉的概念或是學習一種新的技巧，那麼我們需要集中自己全部的注意力來接受和運用新概念以及不熟悉的技巧。這可不是一件輕而易舉的事，需要刻苦練習，才會獲得好的效果。因為跟隨肯定要以先行為前提。倘若我們暫時還無法掌握這些新概念，那麼我們就需要加倍刻苦學習，用盡辦法透澈理解這些新的概念，而且還要在教學中運用這些新概念。所以從現在開始，我們就應該反覆練習將來要用到的東西，一直到運用熟練為止，切不要臨陣磨槍。若是我們只在主觀願望上立誓刻苦學習，要去實踐，但在實際實踐中又不肯付出多大努力，那麼在需要的時候肯定會手忙腳亂，或是生搬硬套，最後的結果依舊沿用老套路，那就更說不上是掌握或鞏固的問題了。熟能生巧，一個鋼琴家對著樂譜就能夠輕鬆自在的彈奏鍵盤演奏音樂，一個熟練的抄寫員能夠寫一手好字，一個思想家或演講家可以滔滔不絕天花亂墜的表達自己的思想一樣，倘若我們對於新概念或新觀點學藝不精，在行動上又不懂得靈活運用，那麼我們在教學實踐中肯定會困難

重重，到處碰壁。例如說，教師在教除法的時候，學生還不能靈活熟練的運用乘法及加減法，那麼學生學習除法就肯定會十分吃力，導致最後都無法學會除法的要領。所以我們不妨思考一下「欲速則不達」這句俗語的深刻意義，換句話說，教師不能急於求成，特別是在基礎教學階段，倘若學生的基礎知識都沒學扎實，那麼過後肯定要回來補課，走許多彎路。學生只有透過刻苦練習，千錘百鍊，熟能生巧，最後才會完全掌握學到的知識，進而學會正確處理課文；但也切不可走上另一個極端，教師拿著鏈條牽著學生一點點向前移動，這會對學生和教師帶來非常大的煩惱。一位教師曾在學生畫畫時對他們提出，只要他們按照交代下去的作業做就能全部完成任務，倘若說這樣的要求是正確的話，那麼我們覺得這也算是合乎情理的，換句話說，教師要依照學生的學習程度按計畫按步驟的安排教學的進度，讓學生在每個學習階段都可以掌握所學的知識，之後再進行下一個教學進程，這樣學生學起來也不會感到很吃力，也更加容易克服學習中的各種困難。也只有這樣，學生的學習興趣才會被徹底激發，同時學生也能親身感受到自己的學習切實的進步，深深感受到教師經常說的一句鼓勵他們的話：「你如今進步明顯，加油吧」的真正含義。

不要教學生尚未能理解的知識

教師切不可教超出學生理解能力的知識！我提出這個教學

原則的本意就是：切不可教學生尚未能理解的知識！但是我倒是想起來濫用這個教學法的事，這是對教的人而言，學生無論怎樣都理解不了這種情況，因為這樣的濫用情況並不少見。我們的教學法就是要以這種反問的方式駁斥那種濫用教學法的主張或意見：人到底能理解什麼呢？他們會說；人什麼都理解不了，什麼都無法理解徹底，所以他們就推論出 ── 這也無法全都怪罪教師在課堂教學中增加了一些不好理解的東西。我們肯定也存在這種看法，但我們的對手又會駁斥我們說，就算這樣也抵消不了你們的罪行。我們只要受到原罪的牽連，那也不能全都怪我們是不是在課堂教學中增加了一點點不易理解的知識。好啦，不開玩笑啦，我們的對手卻也會對我們的反問嚴肅起來了。總而言之，我們要翻來覆去強調說，學生切不可學他們還難以理解的知識。世上存在著稀世珍品，教育學領域同樣存在這樣的珍品。有一個大學教授是個教育學的閱讀者，他有時也會看一些教育學的文章。這位教授居然想入非非，論證說兒童的年齡正處在內部分裂狀態時期，一個兒童肯定會產生頹喪感，對他們學過的句詞字同樣如此，兒童的記憶力只能讓他們記住一些無意義的字詞句，然後再開始學其他知識。我的看法和這位教授剛好相反，我覺得兒童是可以理解他們記住的東西。當然理解包含程度的深淺，一個兒童可以理解的，另一個兒童未必同樣能理解。我們對這位教授深感遺憾，所以我們希望對課文的理解不能全靠記憶。一個純潔天真的兒童是非常聰

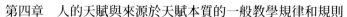

明伶俐的，只要他們理解了的，就肯定能夠牢牢記住；但是我
們如今的學生可不都是那麼聰明伶俐。這些學生喜歡且較易記
住那些自己根本無法理解的東西。本來這些學生應該反對這種
教學法，然而這些懵懂無知的學生反而唯命是從 —— 居然將這
個缺陷當成是真正的培養結果。學生養成了這種不好的習慣就
會喪失掉熱愛和渴求真知的精神，時間久了，學習就會變成沉
重的負擔。絕不可以這樣，學習應該成為一種精神的解放。「真
理會解放你們。」如今我們有的教師都把學生給教傻了，讓學
生變得目光呆滯，見識短淺，如今有很多學校簡直成了愚昧促
進機構（我還會唱很多反調），將學生個個弄得精神萎靡不堪，
死氣沉沉。這就是教師強行灌輸難題和費解的知識給學生的惡
果。這讓我禁不住聯想起教會學校課堂教學的那些經歷。其實
教師並不能承擔全部的過錯，教會裡一些人要對此負上很大的
責任，當然這與所處的環境也有不少的關係。現在我們的學生
年齡一般都集中在 12 歲、10 歲，甚至 9 歲就會從學校離開。
他們剛剛踏上社會的道路，我們就要讓他們工作，給他們基本
的溫飽，我們還要鼓勵和安慰他們，甚至還要為他們指明未來
的出路。然而事情並非如此，殘酷的現實會讓他們的很多希望
都變為夢幻泡影。人的智力與胃口一樣，都有著各自不同的特
點。只要胃開頭無法消化的，過一段時間也不會消化，而且胃
自身還會受到損傷。所以我們堅定的主張學生需要學習自己可

以理解的知識，這要求教師要具備相對高超的教學技巧，講課要通俗易懂，深入淺出，明白透澈。大家有時候會把模糊與深入弄混。如今德國的很多大學生都會犯這個通病（這確實值得我們思考）。所有容易理解的知識他們一般都會忽視掉，但對於那些高深莫測、晦澀難懂的東西，他們反而認為很是重要。這方面的實例有很多，無須贅述。我們的小學教師可千萬不要步這些人的後塵。請牢記，只要是不清楚的一般也都並不真實，不真實的東西切不可強行灌輸給學生。關於這一點我們的對手倒是洩露了一些機密，他們覺得只要是猜想的東西，其中一定會蘊含內在的矛盾，一切有內部矛盾的東西一定都是深奧難懂的。在這裡請教師好好思考下面幾個論點：

1. 只要學習無法理解的句詞字都是有害的。
2. 所有固定不變的教條都會阻礙學生智力的發展。
3. 讓學生學習那些難以理解和不明白的句詞字與誤人子弟無異。

可以了，我們也不想掩飾那些錯誤。但我們還是要堅定的闡明這個原則。

注意讓學生牢記所學的一切知識

教師要是在這個問題上無法盡到職責，那就更加有罪。到

133

底還要讓那些低年級的學生在學校複述多少篇課文（背書），還要讓這些學生受多少折磨才算完事，事實上學生背過的那些課文，只要學生走出學校便會忘得一乾二淨，需要去承擔責任嗎？不，沒有人需要承擔責任，但在以後請務必做到：（一）千萬不要讓學生學習不是一輩子需要記住的東西。（二）關愛學生，讓他們真正掌握生活中有用的真知，並且學會運用，將學到的知識當成生活的財富！倘若你能每個星期拿出一個小時來輔導學生一字一句的複習課文，那麼學生勢必會有明顯的進步。如此學生能夠從學校中收穫一些有益的格言、歌曲和詩文，甚至到了暮年還會因為享受過這些精神財富而感到幸福與榮耀。教師千萬別怕付出那麼一丁點的辛苦！若是你處處要求嚴格，而且對學生的學習內容做到瞭若指掌，這會讓你輕鬆做到。你倘若總是擺出一副「詰問」學生的架勢，那麼你在我們的教學論面前就會徹底暴露，原來你其實是個持不同意見的人，你就是個只會糾纏不休的人，是個千真萬確的暴君。從教學實踐中我們親身體會到，不管是教還是學都要由那些基本和必需的知識開始，必須教會學生靈活應用學到的知識，如此才能完成學以致用的任務。這個教學原則對於所有層次和系統的學科教學都十分適用，比如數學和外國語等等。切不可教學生極易忘記的知識，這也是通病之一。教師應該費盡心機，千方百計讓學生牢記他們所學的一切知識，甚至六年級時學過的知識到了九年級還能做到記憶猶新，這一點是非常重要的。在這方面

學校應該重點關注。做不到這一點的教師便是失職，就是誤人子弟。有人覺得教材內容有趣味性能夠加強學生的記憶，這也不一定；記憶力與教材有關，但也會因為教材內容的差異而消失。邊學邊忘一定會讓記憶力損傷，一個人要是什麼都無法記住，那他的記憶力必然已經損壞。所以學生需要反覆溫習學過的課文，直到牢牢記住為止，而且還要對此不斷充實和補充新的知識。在學校學過的格言、歌曲和詩文、拉丁文、法文及別的學科都應該反覆溫習，牢記在心。牢牢記住學過的知識比學習那些新知識還要重要。很多學生和成年人的智力與個性之所以不夠堅強，就是源於自己對知識的一知半解，淺嘗輒止（我特別要強調這一點）。徹底學會意味著有能力隨時隨地靈活處理和支配知識。對於學生的學習情況和運用能力，一個高年級的教師應該做到瞭若指掌。如今有些學校的教師相看兩厭，各行其事，想當然的進行教學，而且又自吹自擂？

不要以馴服為教育目的

要實施人民、公民和國家普通基礎教育。我們已經就這個原則的部分內容在前面做過討論，在這裡有必要單獨拿出來討論一番。通常情況下大家談論的都是普通學校教育，並不涉及特殊職業教育。特殊職業教育一般隸屬於培養特殊人才的範疇。德國教育學並不包含這種職業教育，比如軍官學校。軍官學校要求未來的教育要以培養特殊人才為主要目的，他們自以

為是的認為這是先見之明。德國教育學要求先要培養人，之後才培養公民和國家職員；先做好人，才能做好公民和公務人員，這個順序千萬不能顛倒。每個人只有先奠定普通教育的基礎，之後才能一點點發展成專門人才。在自然界的演進中，如晶體、動植物和宇宙天體的形成以及人的生存都有遵循一定的規律。語言的發展也要依照一定的發展規律，這個規律我們同樣是在以遵循自然規律培養人的過程中總結的。有了普通教育的基礎才可以談真正的人才培養。只有在這個基礎上或是從這個基礎出發才能確定其他情況，才會產生教育形式。培養學生的知識都要以這個為根據，之後循序漸進。實施這個教學原則能夠讓教師不再重新陷入抽象教學的誤區，特別是在初級教學階段。我們在這裡要從兩個方面來闡釋我們的觀點（這兩個方面一般都會違背我們的原則），就是在宗教教學的初期不可以進行宗教信仰的教學，我們早就放棄了這個宗旨，另外一種情況則是黨派性教學。我們宣導要先激發兒童的宗教意識和宗教精神生活，以此作為日後專業教學的基礎，倒是他們將來是不是產生宗教信仰或是成為一個信徒暫時不要管。在兒童尚未具備任何判斷能力或是尚未成熟前，在他們尚未表示是不是選擇信仰前，強行讓他們信仰宗教，強行讓他們接受信條，這就是最為典型的馴服教育，這是公開性質的強迫和暴行，這是強行灌輸政治宗教觀點的不齒行徑。妄圖以這種強迫教育來達成某種政治目的，來改變國家及憲法的形式，這是完全的痴心妄想，

枉費心機。當今的政體到底是君主專制制度、民主政體還是別的什麼形式，暫時無法判斷，在這支離破碎的時代，誰還能預料未來的命運會怎樣。現在全世界都在以一般人或是培養一般人的教育原則展開青少年課堂教學。午輕教師不應該成為攝政者的工具，也不應該變為政黨人物，更不可以結黨營私。不管是以宗教為目的或是以政治為導向的教育和培養，都是其他形式的特殊教育，這並非教育的真正目的。人的基本天賦中包含有宗教世界觀及生活世界觀或是自由生存形式的傾向。只要是個有教養的人通常都是無神論或是無黨派人士。為了完成真正的培養任務，教師去進行種種宣傳活動，反而不如以自己的真誠舉動來感化學生，換句話說，身教大於言教。當下宗教已經滲透進入社會的各個方面，滲透進每個學科和所有學說，甚至滲透進教師的生活與課堂教學中。針對這種情況，教師的職責應該是積極啟發學生借助實踐從野蠻與愚昧無知中逃離出來。不在這些方面誇誇其談，不要鸚鵡學舌，更不能照貓畫虎，只有獨自思考，勇於實踐才能成為一個真正合格的人。教師會透過事物的本身與生活的本身，來對學生的宗教信念和政治信念進行培養。人的活動越是自由，就越不容易受到擺布，他的天賦、能力和技巧才越會獲得發展，人也能越來越感到輕鬆暢快。只有發自內心的自由信念形成的宗教觀點，才會展現它本該有的價值，只有貼合人的天性，徹底發揮人的自由作用，才可以對人們熱愛一切生活的自由制度有所保障。不能做到這一

點，所有宗教和政治教學就是名副其實的強迫和馴服教育。

讓學生習慣且樂於做作業

　　這存在一個邏輯錯誤，這一點需要專門進行討論，事實上這個問題在闡釋主動性原理的時候已經談過。但是倘若我們的演講沒有產生應有的效果，需要用什麼方法來彌補呢？難道我們進行的談話還不夠明白嗎？無論我們的提法是否存在邏輯錯誤，我們都覺得最重要的就是將學生的注意力都集中到教材上，當然了，僅僅複述教材內容並不足夠，還要讓學生學會做作業，主動去做作業，習慣去做作業，一心一意做作業，自己做，獨立思考，自己找出作業的難點，發現潛在的動力，慢慢將自己鍛鍊成一個個性鮮明的人！從古至今有多少格言哲理，人的那些作為就如同是滄海一粟！人的本身確實微不足道，人對善又是那麼束手無策，人可算是「萬惡之本」，所以人需要安安穩穩的從邪惡和墮落中解放出來，人們一般把人的道德稱為「不過是些光輝的惡習」。有的人在眾目睽睽之下，有時在夜幕降臨之時，裝腔作勢的領讀赦免罪惡的祈禱文，背地裡卻將世間的罪惡散布在人間，反過來又憑著說教來告誡世人認罪悔改 —— 然而積重難返，等到了下一個星期天（每個人心裡都知道自己的所做所為）又故態復萌，年復一年直到自己一命嗚呼！

　　在這個時代 —— 時代的最大問題就是背地裡稱頌好吃懶做、不學無術、為非作歹，不勞而獲似乎是世間最大的幸福，

誰天天假模假式的去祈禱 —— 甚至裝作一輩子祈禱誰就最虔誠。倒是勞動的價值，勞動的愉悅和幸福沒有人會在意，更不明白一個人只有靠著自己的辛勤勞動和不懈努力，只有憑藉自己而不依靠別人，才能成為一個自力更生的人。所謂的自由工作可能會讓人滿意，不過誰要是僅僅為了糊口而去做苦力活，誰就被看作是賤民，而勞動的價值，勞動存在的必要性，勞動對於人類的維持，勞動影響人類的發展，這些道理沒有人願意知道。

我們如今反要褒揚這個時代，以上各種重大的時代弊端終於在不同程度上得到了解決，人們已經逐漸意識到勞動的價值，開始尊敬勞動人民，無論貴賤與否。這些彌足珍貴的覺悟與認知都是無法估量的。

這個社會風氣的改變與教育學觀點關係緊密，如今年輕人都需要自立更生，教育家的職責就是要盡其所能塑造青少年。以上教學原理就源於這個信念。

教師的責任就是啟迪、引導學生去改變輕視實踐活動的思想，要鼓勵學生解決學習上的多多少少都存在的被動狀態（換句話來說，被動這個詞應該從教育學的辭典裡刪除！）。教師不單單要提高學生的學習興趣，而且還要花很多的精力來糾正學生的學習態度，讓學生逐漸確立學習是為了勞動的思想。至少學校應該像一個工廠，教師則是工廠的主人，學生則是學徒。在勞動中，教師要扮演的是師傅的角色，全面掌握各種材料，依

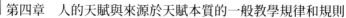

照學生需求的不同來選擇並加工學生需要的所有材料，同時還要做到心中有數，明白怎樣激勵精力旺盛的年輕人積極參與勞動。和這種教學任務相比，我們再想想那些過往的死記硬背的教學情況，似乎與我們的教學法完全不同，根本無法完成學以致用的任務！有的人堅決宣導用雅可特的觀點為指導，全面對教材或課本進行修正，與此相反，有的人宣導推廣約瑟夫．施密特（Joseph Schmidt）的很少人知道的模範形式教學！我們覺得這兩個實例都很能說明問題。這兩種情況對外公布後，有的人就會對我們的教師能否獲得進步產生了懷疑，他們聽聞當下在學校裡仍存在死記硬背的情況，仍存在學而不用的情況，仍存在聽寫幾何和數學的怪異現象。── 放手讓學生參加勞動，動手，動腳，動嘴，動腦筋。讓學生獨自動手加工材料，讓他們明白自食其力，明白凡事都依靠別人難以心安理得！讓學生可以獨自生活，讓他們明白切身的利益，明白吃喝和消化不良都是自己的事情，讓學生獨自思考和學習，讓他們明白這世上絕對沒有誰可以代替他們。他們只有他們自己。只要不是自己親自做的就不屬於他們自己。這些話說得再明白不過了，就如同明亮的陽光，數以千萬計的青少年都需要自食其力，奮發圖強，不然他們就無法繼續生存下去。我們嚴肅認真的告誡年輕人們要馬上覺醒，這同樣也是時代對他們的告誡。

看重學生的個性

　　法律面前人人平等是一個崇高而偉大的思想。這個思想對於學校同樣適用，因為學校需要為學生的未來生活打好基礎。在對課堂教學法進行處理時，對學生也要一視同仁。就這方面而言，兒童的天性沒什麼不同，教學法要與兒童的個性發展相呼應，應該與教材相符合，應該對學生施加相同的教學方式。當然這中間還存在著一定的差異、變化及特殊性，這些對應著兒童的特點。有的兒童理解力會強一點，有的兒童直觀能力要稍微好一些，還有的兒童對圖片及故事內容的理解力更加突出，在兒童中屬於理解理論的類型，也有理解實踐的類型。在這方面我們應該尊重兒童個性的不同，而且要因材施教，以促進兒童個性的發展。切不可強求一致，更不能強求學生共同發展。

　　在教材的方面既要對學生的個性有所考慮，又要照顧到教材的質和量。強求學生學習一樣的教材、一樣的分量，完成相同的進度，這是一點都不合理的。一個記憶力強的兒童可以做到的，不要去強求一個記憶力沒那麼強的兒童也去做到。一個理論思維較強但實踐稍差的兒童，不要一味苛責他實踐差。整體來說，就是不要強求學生一律。一個學生學習主科進步較快，在別的課程上就不要對他要求太高。當然我們並不是主張沒有限度的縱容學生。不過教師對學生要求越高，就越要想辦

法幫助他們，切不可讓任何人阻礙學生的個性自由和個性發展。大部分國民學校都會要求學生學習普通教育教材，而高級學校會將大量的教材都灌輸在學生身上，所以有的家長就會為孩子不能愉快茁壯的成長和發展個性而擔憂不已。

第二節
和教材及對象有關的課堂教學規則

依學生的觀點和發展規律來安排教材

　　在科學研究活動中，材料一般被認為是目的，遵循純主觀的觀點來選擇某種表達方式，然而在課堂教學裡卻並不是一回事。課堂教學其實是培養人類個性的方式。課堂教學也需要遵循學生的觀點和發展程度。形式教育觀點在這方面要占統治地位！教學本身並不與傳授知識等同，更非傳授整體的和系統的知識，教學本身是為了培養和發展。希望這些話能夠把這個問題說清楚。

多在基礎知識上下工夫

　　這是個非常細膩的工作，會關係到學生的每一個進步。基礎沒有打牢，就會總是修補個不停，常常提心吊膽，就怕整個建築會在某一天坍塌下來。教師如果在基礎教材上馬馬虎虎，

敷衍了事，就會造成十分嚴重的惡果。所以我們要求教師要反覆講解基礎教材，讓學生反覆進行練習；否則就難以保證學生的進步，而學生也會因此而不知所措，進而盲目的學習，還會對教師和作業喪失信心，最後直接失去學習的興趣。教師必須要勤勞，要講究實際，還要誨人不倦的激勵學生反覆練習和鞏固基礎知識，將學生培養得個個都會刻苦學習，奮發向上。但是年輕的學生好似初生牛犢不怕虎，常常會不知深淺，急於求成，最後反而吃了苦頭，從而對當年的盲目求快悔恨不已。譬如說，學習拉丁文基礎課卻不學習文法，學習算術課卻不背九九乘法，學習習字課卻不練習筆畫，總是這樣，基本功根本沒有辦法打牢。

基本概念延伸出衍生概念

　　講授衍生原理的時候要溫習基本原理，從基本概念延伸出衍生概念。這個教學規則最開始適用理科教學，比如幾何和數學等等。再比如，在課堂上教師系統講解原理時，進行到第 12 個原理時，就要回過頭來對第 11 個原理進行複習，由第 11 個原理延伸出第 12 個原理，逐漸類推，這是正確的教學方法。然而為了全面徹底的理解這個原理的概念，在講到第 12 個原理時也可以先由第 1 個基礎原理開始，從頭進行推導。只要是運用數學原理，或是對數學概念進行推導，都要先從最基本的概念開始講解，這可以讓學生理解起來更加清楚明白。

但話又說回來，也切不可因此就翻來覆去講個沒完。因為推導出來的原理也是由最初的直觀原理一點點得來的，倘若有人認為推導原理需要從中心出發，這或許會浪費一些時間；這個看法也許並不會有人質疑，據我們了解的情況，到現在為止尚未有人提出這個主張。我們現在提出來的這個教學原則是真正的基礎教學法的延續，這個教學法和科學教學法在很多基本問題上並不能一下子就被人理解。在基礎課堂教學中，一切活動都是為了打好扎實的基礎。「建立在最廣泛的基礎」上的教學思想也是十分有道理的。

將教材分為若干階段和一個個小的整體進行講授

　　經由分階段講課能夠達成第一節所認為的教學目的，一個小的整體都可以進行一次小結，借助這個機會，學生能夠由緊張中鬆一口氣，還可以溫習一下之前學過的課文，這樣在學生的頭腦中就有了一個上下課文的概括，透過這種方法教學能夠保證遵照教學大綱教學，這種分階段授課並及時小結的做法，能夠讓學生提前想到下個階段的學習內容，教師倘若做到這一步，就說明他的課堂教學已經算得上較為精通了，因為教師為學生提供了一種邏輯教育，把基礎知識分好層次、分好階段，講得條理清晰，清清楚楚，同時教師也可以觀察學生理解課文的程度，準備下一步是不是繼續按部就班的授課。這種教學方法可以歸屬為遺傳組合方法。—— 很遺憾，目前大部分的學校

都在制定某個固定的教程！

提前告訴學生下一個教程的學習內容

在任何教程中都要提前告訴學生下一個教程的學習內容，從不間斷，由個別開始，積極引導學生的求知欲，但又不能完全滿足學生的求知欲。

這個教學規則會將下一個教學規則附帶引出，同時也讓我們的注意力可以集中在下個教學規則上。倘若以後這個教學規則有了更進一步的發展與完善，那麼這個規則暫時可以當作一種激勵學生精神的方法。萊辛曾經在他的論文《論人類的教育》中提到過：「在這樣的預習、預示與指點中，一定能出現積極而完美的基礎課本，這裡所說的積極的意義就是不為追求真知創造困難與障礙，消極的意義則與此相反。」

盡可能溫習一下以前學過的課文

這樣就能夠將未知與已知的緊密的銜接起來，將之前所學的知識變為現有的財富，讓學生能夠學以致用。當然，這不是必要要求，要依照教材的特點靈活掌握，具體運用。當前最好可以有一本涵蓋繪畫、習字、算術和幾何的綜合教科書。

遵照第五節的方法去預習，遵照第六節的方法選擇了溫故而知新。這兩種方法都能在客觀上將課文連貫和統一起來，在主觀上則能夠激發學生的學習動力，讓他們得以堅持不懈的進行練習。

專業相同而內容接近的課文結合一起講授

這個教學規則我相信大家都能正確理解。一位學者並沒能找到一種一了百了的教學法，他的教學法要求在一個學時中一起講授不同內容的課文。無法直說這種做法的好壞。因為以這種教學法講授專業知識畢竟缺乏條理，很容易讓學生陷入混亂。

哈尼施（Hanisch）在他撰寫的《世界知識》上則主張不同教材交叉講解的方法。這也沒法說是好是壞，雖然他的主張看起來似乎還是頗有道理的。我們宣導用一了百了的教學方法，就是把內容相關的課文統一進行講解，但這並非說是混雜課文，而必須要做到重點突出，專業清晰，明確指出不同知識間的相互關係，使得學生能夠清晰認識，透澈理解。

李特爾（Ritter）著有一部巨著──《地學通論》，其中的一些觀點與我們在這裡提出的教學規則比較接近，他在這部作品中論述了地理、歷史和人類學相互間的制約性；福格博士（Fogg PhD）在萊比錫發行了一部新的地圖集，其中闡釋了博物學、氣象學、歷史學及人類學和地球與各大洲的相互關係。

就這點而言，蔡恩（Zion）的《學校曆法》一書與我們的要求完全吻合，我本人則計劃用我的《學校課本使用說明》來完成我們的教學任務。蔡恩在《學校曆法》中認為，在兩年之交，也就是從第一個基督降臨節與第一個三位一體星期日起始，即是說，在教會年度裡無論是節假日或是平時，教師要對下面這四

門宗教課分好類別進行講解：聖經故事、聖經經文閱讀、教義問答手冊以及聖詩。蔡恩不認為把這四門宗教課在同一個時間一同講解，他宣導把有關聯的內容在一個時間集中講解，運用一個星期時間在閱讀聖經的時候把相關內容和聖經故事的情節結合起來精講細講，在上教義問答手冊課的時候從聖經故事裡找出相關情節講解，讓學生牢記他們所讀過的格言，並在同一個星期內教授學生學習聖經詩歌，當然，這些詩歌都與宗教課關聯緊密，讓學生在歡聲笑語中牢記這些詩歌。

　　我本人寫的《學校課本使用說明》一書中的內容與這一思想基本接近，尤其是新版本裡面的內容。我在這本書裡還提到，國民學校的語文教學要與讀本緊密相連，要從多個不同的角度來闡釋課文，閱讀課上的閱讀練習要與正字課上的正字法練習相互結合，語法要與語文課有機結合，這樣在教學的時候才不會雜亂無章，課堂教學要做到專業搭配、條理有序。

　　我們列舉宗教與語言課這兩個例子都是遵照以上教學原理提出的，但是專業知識和實質教學截至目前仍舊缺乏理論指導。這方面的理論指導很快會有的，因為新的教學理論迫使我們必須要提出這個教學原則。這個教學原則並沒有互換教學設施的要求，而是要求相互的課堂教學，換句話說，以前所教過的和學過的，用當下所教的和所學的進行說明和補充。

　　「一切都應該互相連結，互相制約，一個事物要依靠另一個事物才能逐漸發展至成熟。」

從實物教學到圖形教學，不要顛倒

　　實物包括直觀、想像、概念和思想等等，這些都是本質，也是最基本的。現在各個學校都將注意力集中在這個方面！我們對實物提出了一個清晰的概念，之後我們再將實物以圖形的形式表示出來，可以聽到的是話與句 —— 可以看到的當然就是自然的圖和畫，因為圖裡面有話，沒有聲音就不會稱為話。很多事物只能用圖畫才可以表達清楚，比如地理學，不過現在偏偏有些學生去研究那些不帶圖的事物，例如說普通天文學，從這裡可見一斑。有了圖畫之後就會有模型，模型有了之後圖畫就成了表面的東西。圖畫可以用來檢驗學生的認知是否正確。模型並非觀察的開始，而是觀察的終結。

　　這個教學原則越是被人忽略，越是不被人理解，就越說明它的重要性。

根據學科特點選擇教學形式

　　從表面上看來，我們能選擇的只有兩種教學形式。一種形式是教師為學生們講授課文，傳道授業；另外一種形式是教師利用創造性講授課文，然後和學生們一同自由探討，前者代表著教條式，後者則成為發展式或啟迪式。還有些教學形式相當於這兩種教學形式的結合體。第一種形式一般是純講授的形式，第二種形式則是對話的形式。運用第一種教學形式，教師

往往按部就班，學生跟著讀或是寫，或者教師誦讀一遍課文給學生聽，這樣學生往往很難記住，更加寫不下來。運用第二種教學形式教學則是對話式的，課堂氣氛較為生動活潑，有問有答，稱為提問式教學。在課堂裡教師能提問，學生也能提問，實現教學相長，相輔相成。但是這種教學形式也並非是固定不變的，這最終要依照學生的學習情況來靈活運用，這被稱為提問式教學或是蘇格拉底式教學。我們覺得這兩個詞是同義詞，儘管第一個詞一般被認為是剖析（分析），而第二個詞則被理解為結構（綜合）。誦讀課文較適用那些初學會話的小學生，通讀課文則對大一點的學生適用。小學校唯一有用的教學就是採取對話式或提問式教學。頭腦靈活的教師肯定能依照具體情況靈活運用，切不可按部就班拘泥於一種教學形式。就像一個人的寫作風格似的，每個人都有自己獨特的寫作風格，教師教學也一樣，要依照自己的長處和特點靈活的選擇教學形式。這樣看來，不管是拘泥刻板還是靈活運用，都一定要依照實際情況與自己的愛好特點來隨時變換教學形式。讀者千萬不要將我的話表面化，應該對每句話都考慮到與其相悖的一面，總而言之，所有活動都應該圍繞教學形式和方法來思考問題。當然，這並不都是完全人為的問題，有的時候還要受制於課文的內容。當前的教科書通常分為兩個大類，一類具有歷史性，另一類包含理論基礎性。前者的內容十分具體，後者的內容則來自於難以改變的人的天性，是靠每一個思想健全的人來編寫的。前者的

學科一般為地理、歷史、宗教史，其中一部分是語言學，後者的學科則通常是哲學和數學、倫理學、邏輯學、算術以及幾何等等。還有些學科屬於綜合學科，比如語言、宗教及自然常識。教師要積極而生動的講解歷史，但切不可任意篡改歷史。積極主動而又富有經驗的歷史知識一定要遵照它本來的面目去講授，不可以隨意改變。這裡值得注意的是，教歷史課一定要讓學生正確認識，牢記在心，並可以正確回答和靈活運用；歷史課的教師應該採取授課形式。歷史課需要學生有很好的接受能力，這樣能夠提升學生的主動性，事實上教師也能引導學生自己講解歷史。這樣做會比教師親自授課的效果好上很多。不管是在教育中或是在課堂教學中，言簡意賅的教師都更加受歡迎，一句話就命中要害，像開玩笑一樣輕鬆，問題自然能夠迎刃而解。

相比歷史，倫理學科更能提升學生的能力，因為倫理學科相對而言更加能激發學生的主動性。教倫理課不需要像教歷史課那麼刻板，教師能夠比較自由的發揮課文的內容。教倫理課能夠用細水長流的方法，這非常有必要。所有有效的教育都要遵循按部就班的原則。教倫理課切不可貪多，要將重點放在提升學生的思考能力上，主要練習學生的表現能力和語言能力。根據一個教師選擇的教學形式就能夠判斷出這個教師是不是一個優秀的教師。蘇格拉底這位崇高的導師寬仁善良，竟將自己比作是助產士。因此說只有經由倫理課教學才能真正提高學生

的主動性。然而也切不可因此就忽略了歷史知識的作用，在教育事業中，歷史教學居次要地位，至少在每個學校中都占次要地位。有的教師一心投入在講授歷史課上，甚至上其他學科的課時也依照講授歷史課的方法，透過這樣的教師的手培養出的學生大部分都是愚蠢的，他們迷信，思想遲鈍，並且相信知識萬能論。只有那些熱愛學習、激勵學生內心世界和智力並能夠發揮倫理的教師，才是真正的好教師。盲目追求訓練，照本宣科的教師完全談不上是發展和培養學生。看起來教師想要上好課必須採取對話式教學方法。採用對話教學方法能夠事半功倍，教師以對話式來教授教材，以對話來引導學生的思考，以提問來決斷疑難問題，教師在設問與自由發揮中漸漸學會機智靈活。有些問題，教師也能讓學生在習字課上透過筆頭的形式回答；但是不要使用聽寫方法，事實上聽寫方法並不能稱作一種方法，這根本是舊時代的遺留。在學校裡要創造一種蓬勃向上的探求氛圍，有問有答，切不可死氣沉沉，充滿暮氣。只有教師提問合理而且恰如其分，學生才可以對答如流，才能做到有問必答。只有這樣的學校才能真正的發展學生智力，成為釋放學生思想的前程遠大的園地，在這個園地萬物都得以茁壯生長，萌芽，開出燦爛的花朵，收穫果實累累，如此學校就成了真正訓練青少年智力的美好樂園。

　　整體來說，我們在基礎課堂教學中將形式教育擺在首位，我們要以我們已經推行的教學法來對學生的智力進行發展和

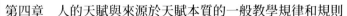

鍛鍊。但這並非說我們必須要依照形式教育目的的要求來整理學科，故意與學科特點相悖。事實上主觀與客觀是統一的。問題是我們不能只顧著考慮所謂的科學系統的模式（如歐幾里得〔Euclid〕原理）。形式教育目的的要求是透過遺傳學方法來處置學科，因為每個學科的內容都與人的存在及意識有著極其密切的關聯。發現了知識學科的方式方法同時也就懂得了真正的方法。當然了，在這些方面要盡量避免走上彎路和誤入歧途。人類的發展方向也能夠標清教學和培養的道路。人類幾千年才走完的路，在學習中，學生只需要幾年時間就能夠走完。教師切不可讓學生半閉著眼睛來看目標，要讓學生把眼睛睜大緊盯目標；不要讓學生將真知當成結果，要讓學生利用主動性發現真知。在尋找真知的路途上，教師要發揮指導的作用，切不要袖手旁觀。學生必須充分發揮自己的智慧與才能；不然就會一無所獲。常言說：「種瓜得瓜，種豆得豆。」蒙台尼也曾說過：「人不需要用外才，而要用自己的聰明才智。」人具有越大的創造力，收穫的物質也就越多。形式教育和實質教育要相容並舉。純粹的形式教育根本無法存在。教師也能夠讓學生單純學知識（學單字），但這也很難產生培養的作用。這絕非是一種量身訂做的辦法。這同時還違背了實質和主體的特點。比較好的形式培養，事實上也都具有著實質觀點的培養。哪裡培養學生的能力最出色，那裡的學生學習也最用功。真正的教學法不單單是種外表形式，也沒法任意和哪個學科連結起來，而是由學科

的特點引出，它是學科自身的本質，是一切事務的特點。真正教學法的主體和客體是完全相同的。倘若教學法的確滿足了學生們的要求，那麼這也就說明它與教育科學的本質相符合。在主體和客體間壓根也沒有根本的衝突和矛盾。為了挖掘真正的教學法，並將這個教學法當成是非的判斷，我們就需要將眼光放到主體和客體上。各門科學一般都能顛倒過來進行談論。這裡並非指內行，而是泛指外行，就是學習者。不管什麼地方在相同性上產生外表的或是真正的矛盾與缺陷，我們先需要在智慧與學生的特點上發現問題，之後再思考科學的神聖性。想要診斷一種教學法是不是合理，第一個標誌就是要認清它的主觀是不是正確，是不是符合教育學的要求。若是能夠達到這個要求，那麼客觀往往也是正確的。要想將科學變為一門學科，就要首先將它變為一種學說。

請准許我用以下的另一種表達方式來闡釋以上問題。

每個學科的教學法都要遵循本學科的來歷和原理並加以適當的調整，但必須要符合原理。教授歷史課要運用歷史的方法，教授倫理課要運用倫理的方法！不然就成了一種照本宣科的死方法，不遵循學科特點，違背學科規律。主觀上的隨意（選擇＝隨意）千萬不能要，我們要用客觀方法。人自身就是方法，事務也是方法。

知識的來源主要有兩種：經驗與理性。所有歷史事實都歸於經驗知識，這些歷史事實是人們透過感官發現的主體世界的

現象與特點，當然人的身體也被歸類於主體世界；而數學、倫理學及哲學歸類於理性知識，更準確的說是屬於知識（因為知識與事物的外部有關係，認識則關聯於內部），這都可看作是倫理知識。我們這個教學原則就是要將各個領域裡的知識按照其本來的來源分好類別並適當的進行科學處理，一種是歷史的、具體的，另一種則是倫理的、啟迪學的。前者認為學生要先接受外部的知識（容易感受的和記憶的），後者則從最初就對學生提出接受內部知識的要求，要求學生擁有積極的主動性及嚴謹的思考能力。人若是缺乏固有的智力，也能在不同程度上學會各種知識，但也應該知道所以然萬萬不可以。這個道理是不應該讓讀者得出這樣一個看法的，似乎學習感性知識學科就不需要思考能力。只要是認真觀看事物就必須靠靈活的感覺、敏銳的聽覺，需要運用智慧與自我控制。但理解事實肯定需要應用思考，想要認識事物的本質，就需要認識知識，這種知識早就已經存在於認知裡面了。所以我們覺得不管是感性知識或是理性知識都無法絕對嚴謹的區分開，除非為了學術研究必須進行專業的分工；所有真知都存在於認識過程，只有透過智力才能收穫真知。

　　所以我們提出的教學原則，主張在對不同的知識進行處理時絕不可以違背事物的發展規律，尤其是處理倫理知識。那是因為在遵循歷史知識講解法講授倫理知識時一不留神就會違反原則。這樣做就把教學方法顛倒了。青少年需要在教師指導下

或是透過書籍，自發學習倫理知識。在這方面當然有捷徑可以走。這個要求是非常有必要的。倘若環境和社會關係使得學生無法學到多少知識，那麼我們在這種情況下必須要記住，一定叮囑學生日後要借助自學來彌補其少學的知識，自顧自探索眼前權威的假設原理，這可不是什麼正確的事情。一味學習莫須有的數學、倫理學和哲學理論（其實這些理論早就不用保留了）只能將人的精神壓制，把人的智力損害。只有經由自我思考和主動探索而認識到的和學會的東西才能讓思想活躍起來。潛移默化，一點點形成自己的信念和個性。── 有些人間或也會用倫理學教學法來教授歷史知識，但成功的案例少之又少，所以我勸大家最好不要再用這種教學方法。這種教學法就讓給那些用所謂的思辨哲學的來授課，思辨學家如同變魔術一般，偷換概念，摒棄從經驗和直觀中得來的知識，他們裝神弄鬼，自欺欺人。不過表面推理的結果最後還是要與經驗事實相互結合起來。我們從始至終都不主張運用這種推理方法，這種推理方法早已經病入膏肓。過不了多久它的信譽就會喪失殆盡。

　　宗教的真知超驗論者會在課堂教學中運用另外一種教學法，他們認為宗教真知並非人類覺悟的自然產物，他們直接將宗教真知教條化。相反的，那些認為宗教真知是人類覺悟自然產物的擁護者，卻採取倫理教學方法；前者追求無條件信仰宗教，後者則宣導研究和檢驗宗教知識。最終這兩者都統一要求透過個性和生活來認同宗教知識。倘若將後者也當作教條來進

行處理，那麼這也只能應對當時的困難情況（學生的幼稚），但是若是堅持不懈的引導學生透過理智，而不僅僅是用信仰來理解宗教新知，那麼學生就會一點點逐漸的成熟起來，就能夠自然而主動的研究和檢驗宗教真知。

這涉及到了和教育學與教育基礎有關的最為激烈的爭論。從其種種跡象看來，這一番針鋒相對的爭論恐怕在本世紀都不會結束。各個派別各執一詞，總是這樣最後必然會讓教師的思想變得混沌，特別是逼迫教師去接受別的教學法，這造成的後果就是師資水準進一步的下滑。不會獨立思考的教師，便難以稱得上是好教師。路德（Luther）說過：「我本人並不想成為大師。」一個充滿創作熱情的作家才不會將自己的看法和意見強加給讀者，一個作家只有讓讀者閱讀並檢驗自己觀點的義務。我們擺出這些教學原則主要是宣導大家凡事都要善於獨立思考，我送給大家的這份禮品或許是一份危險性十足的禮品，我奉勸大家要獨立思考，獨立判斷，倘若判斷錯了，大概還會有人怪罪於我，那我本人同樣會感到非常遺憾；但我相信大家肯定不會抱怨是我帶錯了大家的路，而是那些人自己誤入歧途。希望大家都能夠三思而後行；一個作家應該讓讀者自己去思考，而不應該代替讀者去思考。

多個方面研究教材

不要依照臆造概念和公式化的講解教材，要從多個方面研

究教材。我們簡單明瞭的說明一下這教學規則，這個教學規則先要用在數學教學，特別是演算課。

教師能夠依據一般概念和特徵來教授自然史，從最初教授就要將教材分為若干個單元。所以產生了林氏系統，課堂教學也要用這種方法。

比如算術課的教授可以分別對加法、減法、比例運算法等等進行講解。

不管在任何情況下，人們都願意運用一種思想，習慣使用一種運算程序和方法，並且將其運用到各式各樣的情況中去。看起來這是一種舊有觀念的抽象式課堂教學。

不問可知，我們覺得這個教學規則對於低年級的直觀練習和會話練習更加適用。教師教授學科分為兩種辦法，一種是依照量、色、形、數的概念，另一種則是遵循事物自身的特徵。前一個源於統一的概念，後者則針對學科本身。我們主張後者應該成為基礎教學。例如教師先讓學生找出一株植物的所有特徵，之後再與同類植物進行比較。教師應該運用各種運算方法推演一個數目，之後再與其他的數目進行比較。倘若對這個學科的內容沒有做到全面練習，至少也應該做到基本練習。只有全面而精細的分析了教材的諸般細節，之後才能和相關細節進行個別的或是系統的對比。只有對某個教學規則熟悉了才能做到這一點。在一般課堂教學中，教師都可以啟發學生對課文進行全面分析。有的時候我們總會談到系統的課堂教學，在這裡

就讓我們正式提出這方面的要求。若是我沒記錯的話，剛剛我們還談過這個問題。就這種意義來說，學科即是方法，或者說能夠決定觀察的方式。客觀方法與任意系統化及主觀方法與此相反 —— 具體的客觀方法是透過這樣來對學科進行安排的，教材的進度剛好與兒童智力的發展相符合，不管是客觀還是主觀的，每個階段都是遵照實際上的需求而有系統的向前展開。教師不可以冒進，不可以讓學生步步緊隨教師的教學進度，教學進度要呈現適當原則，要讓學生跟得上，以算術演算課為例，教師要根據數字規律逐次前進，這樣能夠由全面直觀數字得到各式各樣的運算方法。

以上意見還應該在教學實踐中進行更為精準的檢驗。

依照專業的特點來發展原理

這個教學規則還是對於數學教學適用。普通運算方法是自公理中產生的，例如說，恆等比恆等得恆等，簡單來說，恆等運算應用在恆等量上，得到相等的結果。我們不可以缺少這些運算方法，我們只要使用這種運算方法來孕育新的真知，就可以產生讓人信服的力量，然而這並不等於說以基本概念和事物的本質來辨別新的真知。教學其實還要依靠這一點。

再舉一個例子，在幾何比例裡外項的乘積等於內項的乘積，這是透過指數相等用常規的乘法推算出來的。然而這並非真正以兩個幾何比例相等的基本概念來辨別原理的因果關係，

在對智力進行培養的課堂教學中剛好就要這樣做。所有的科學論文作者都不太考慮怎樣來培養讀者，只是自顧自系統的劃分知識的範疇。所以一個科學論文作者總是偏愛應用一種運算方法。這也解釋了為什麼科學家一般都不會是一個優秀教師的原因。

教學內容要與科學所達到的最新水準相符合

理所當然的，教師應該教授給學生最為扎實而成熟的知識。但是在這裡要提出一種教學原則；由於教師總是喜歡另起爐灶，有的教師習慣將眼光對準這一類人，這些人教授一種學科總是喜歡闡明歷史的發展和學科的發展史。例如，他們對卡普（Kapp）的要求一味的盲從，卡普認為講授植物學時要遵照各個世紀和歷史時代的植物科學，天文歷史教學要一直從托勒密（Ptolemaeus）體系開始一直講到哥白尼（Copernicus）宇宙體系為止，策勒（Celle）要求學生先要認識（或是信仰）異教，之後再接觸猶太教，最後才能接觸基督教！我們的看法是這些教學觀點和方法大錯特錯。我們的教學原則非常明確，要求遵循方法論的原理以及學生當下的認知水準，將學生的知識發展到現代知識的程度；否則將會把學生帶進死胡同，將學生帶入到以往舊科學的窠臼中去。根據我們的教學論去教學，一定能夠讓學生掌握現代物理學和博物學，掌握近代數學地理學和數學天文學，掌握近代心理學與哲學等等。之後我們可以依照具體情

況再來啟發學生自學科學史，這其實是十分有教育意義和吸引力的，但是要成功的應用科學史，我個人覺得完全沒必要。我們這個教學原則已經說得非常清楚了。

第三節
依照時間、地點和條件的社會關係的課堂教學原則

　　創辦一所學校需要有清晰的宗旨。對青少年的培養不是抽象的，要替父母和孩子的未來著想，要替孩子將來的職業打算，總而言之，創辦學校要遵照社會關係的觀點，要顧及到社會關係中的各種因素，這是理所當然的。需要顧及的範圍有多大，程度怎樣，這都是十分值得研究的問題，面對著波詭雲譎的社會關係很難做到面面俱到，也很難提出一些行之有效的準則，所以希望讀者能夠顧及各種因素的主要方面。學校的設計方案需要由相關人士依照具體情況進行判斷，制定細則。當然也不能夠忽視校長和教師的意見。一本探討社會關係的書籍有時也能發揮重大作用，但終歸不能包辦一切。歌德對此說得很恰當：「最好的事情就是要具備實幹精神。」

　　根據當前存在的一些問題我們提出了下面幾個最基本的原則。

教授學科要循序漸進

　　這個教學原則認為要合理安排學校教育的學科。我們宣導的思想是，一個人在一段時間內要學會一門新的學科一般要下很大的力氣，所以我們主張學生從最開始學習起就集中全力學習一門學科，以便快速克服初學的難點，讓學生同一時間學習幾門主要學科，肯定會分散學生的注意力，對於培養青少年的智力十分不利。事情其實非常清楚。精神與肉體的情況一樣，食物的花樣太多會損傷一個人的胃口，學習負擔太重就會分散並削弱一個人的精力。普通而健康的人吃一頓飯就不餓了，聰明伶俐的孩子切不可貪多，更不要喜新厭舊。儘管青少年各自的表現不同，但基本上並沒有太大差異。讓一個兒童同一時間學習幾種語言是毫無道理的，教育學早就對此有著科學的看法和規定，在一段時間內一個兒童的精力只能學習一門主要學科。只有當兒童解決了初學的問題後，再逐漸學習其他學科，這時已經學過的學科就退化成為副科，雖然他們還能保持熱情的繼續這門學科的學習。這樣的要求不管是對小學還是中學都算不得過分。這個教學原則對於中、小學也適用。倘若一個學校和一個班級只能由一個教師任教，採用這個教學原則似乎不會有什麼困難。不過倘若那些學校推廣專業制，那些學校施行這種專業制就不會太順利。還是得依靠這個教學原則才行。

在乎學生未來的前途

學校需要培養每個學生的人性。這個艱鉅的任務需要由小學承擔起來，同時學校要透過教書育人這兩個方面來為普通教育打好基礎。對於這樣一個十分關鍵的問題我們切不要輕忽視之。即使學生從學校離開，也能很容易補上缺失了的人情風俗這個人生的必修課，但這算不得是普通教育的遺憾。看重兒童未來的社會關係對於普通教育的實施並無影響。倘若說小學校是由兒童構成的，這些兒童還要接著讀書，以後還會進入高等市立學校，那麼基於這種情況，我們可以試著在較年長的低年級課堂教學中變革教學方式，讓教學內容變得更加徹底、更加全面、更加富有理論性，而區分於小學校將孩子集中起來實行整齊劃一的普通教育。在這裡我還要強調，教學需要堅持運用最簡單的方式，需要堅持理論與實際相連結。堅持實踐並不等於完全要為以後生活的需求考慮，而是也要顧及課堂教學的方式方法，教學方式不正確學生也學不到什麼，更受不到啟發和教誨，感情上不會得到溫暖，頭腦混沌不開，意志孱弱，這的確是值得我們深思的大問題。只要是學生學到的，不管是智力方面的，還是和生活有關的，都要承受實踐的檢驗。所以我將這種課堂教學看作是實用的。倘若一所學校的教學只顧及未來的需求，就很難稱之為實用，其更合適的稱呼應該是專業實習。教師也不能被稱為實踐家，而應被稱為專業實習輔導員。

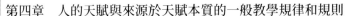

人們一般並不會對一個輔導員表達欽佩，而通常更尊重一個實踐家。因為我們之所以培養學生並不是為了學校，而是為了最終的生活。實踐方法不可以被認為是不徹底的方法。

尊重文化的教學原則

提到「尊重文化」這個詞，我還要說說顧及到社會關係的同時還有其他一些需要注意的問題。

我們如今為課堂教學和教育又提出了尊重文化的教學原則，並且將這個原則放在遵循自然規律的原則後面。尊重文化的教學原則稍稍次於遵循自然規律的教學原則。遵循自然規律的教學原則可以算作是對每個教師的最高要求。這是所有教師應該追求的最崇高的理想。但是尊重文化教學原則並不能決定教育的全部問題，它不過是提出的一個普遍標準，遵照這個標準來對課堂教學和教育活動進行評價。這個原則的核心內容就是在教育活動中，需要注意人在這裡面誕生以及將來生活所在的時間和地點的條件。換句話說，必須注意無所不包的全部現代文化，尤其是當地所獨有的文化。這個因素在以往總是會被視而不見。所以在這裡我要闡釋一些最基本的看法。

有的時候尊重文化原則與遵循自然規律原則還會發生衝突，所以我們在一開始就安排好了主次。違反自然規律的方法壓根沒有足夠的科學依據，因此我們有義務推翻畸形教育和墮落文化的荒謬之論。面對退化墮落的文化，我們需要求助自

然。但在這方面切不可急於求成。改革大業從來就不是一蹴而就的。所以在這樣的情況下，我們需要進行持續漸進的改革。違反自然規律會奴役人，所以我們需要想好怎樣來解決這種侮辱人性的隱患。是否因此我們就必須聲勢浩大的提出從根本上解決奴役的建議，這是另外一個問題，對這個問題進行回答可要慎之又慎，要有分寸才行。講究穿上時尚的衣服算是講文明，所謂的有教養，無論身材高矮胖瘦，無論是否合身，無論醜化體形還是美化體形。這對個體而言也是肉體與精神上的奴役。我們是否就因此而一反常態。拒絕聽命，突然老老實實按身材量體裁衣，這怕是還要經過好好思考才行。因為這麼做並非難易問題，只是行動要先要思考一下利弊，依照目前樹大根深的文化現狀，依照當下大多數人的覺悟。強行去推廣這件事一定會引發很多弊端，相比強硬推行時裝要更加嚴重。怎麼辦？只能借助學習希臘語和拉丁語，接受普通教育才能將這個問題圓滿解決。儘管我們對這一點如此斷言，但很難提出什麼必要的論證，當然這是無法胡亂預想的，因為目前還不能提出論證。是不是由此就要推行一番文化改革，為了培養青少年以後更加高尚的情操，現在就應該為這個學科的誕生做好準備工作。這的確是一個發人深省的大問題。如今上流社會的家庭都讓自己的女兒進修法語會話，其實對於培養智力這並不見得有什麼幫助，這種情況不過是社會上的盲目默認而已。在這個問題上，有的人剛剛做了妥協，宣導女子中學取締法語會話課，

但是這個正確的主張並沒能得到當局的批准。經過這樣的實例，我們覺得在制定全部教育方案時，都應該顧及我們時代及社會的風俗習慣，需要顧及我們時代的精神狀態及我們民族的民族性。換句話說，需要顧及到近代文化以及當地的文化現狀。到底會達至「何種程度」，這不能硬性規定。但是從尊重文化與遵循自然的比較中，我們能夠總結出這樣一個結論：只要是違反自然規律的都應該摒棄。雖然表面好像尊重文化，尊重文化和遵循自然這兩個原則越是相得益彰，生活的形象就會越發美好而純樸。所以現實為我們提出了嚴格的要求，只要是時代文化與時代違反自然規律的事情，你就切不可參與，你要盡己所能讓文化與自然和諧共處起來！你需要竭力滿足尊重文化教學原則的要求，而且要打心裡認識到這個教學原則的重大意義，它既明智又機智。但是你需要親自判斷，你本人要有高尚的情操，要有追求真理的偉大理想。誰明白生活所需，誰就一定會贊同理論指導實踐這個無可辯駁的真理。同時我們也應該承認，只要是理論引申出來的問題和要求並不一定會馬上成為現實。我並非要為理論和實踐製造衝突，因為只要是正確的理論就都與生活的要求相符，只要敲定下來的理論在實踐中無法行得通，就說明這個理論並不正確，或者說這個理論有人自認為包含科學依據，事實上並不這樣。但是即使如此也不能否認，所有普通的理論都需要經過縝密的思考才能在生活上應用。我們並非從一窮二白開始生活，也不是從毫末起始，我們

繼承的是先輩的事業。我們之所以存在，有一部分就繼承自先輩的教導，另一部分則承襲了通行的風俗與習慣，總而言之，我們都親自參與進了歷史。只要我們意識到了歷史發展過程中生出種種矛盾，我們就義不容辭，主動去改善我們的時代。我們所處的環境和我們同一時代的人都會吐故納新，革故鼎新。我們要出於公心、光明磊落，正確辨別某個時代的真與善，要認真縝密的檢驗真與善的關係。因為並非所有東西都是真和善的。並非所有的東西都與每個人的情況相適合。我們為人處世要胸懷坦蕩，仗義執言，我們要以誠待人。我們為大家提出畢生追求真理和高尚的要求。然而我們也要承認，不是所有時代和一切地方都允許真和善通行。只有意識到真的內涵才能夠顧及到時間和地點的因素。真理，客觀來說是人類最崇高偉大和神聖的善；真實，主觀上作為一種特性，失去這種特性就不可能收穫到善。真理是極其神聖的，真實為真理錦上添花，換句話說，要盡心追求透澈掌握真理的本質，不要混雜怪異的觀察方式，真理是不是有效，是不是會傳播毒害，是不是難以容忍「善心」──這完完全全是爭辯的語言。只有透過援引和傳播真理，人才會變得更聰明，變得更加有主見且有辦法，這並非為了處世為人的方便，而是為真理本身。只要是一個進取心十足的人，就絕不會亂用真理來美化和遮掩自己由於舊傳統和習俗而造成的懶惰。我們所為皆是真理，為了破舊立新而生活。這裡我們要為那些追求真理的忠誠可靠的朋友提供這樣一條思

路，依照事物的特點是不可能馬上就更改文化落後的現狀。就算自己的努力前功盡棄，也不可以氣餒，要捲土重來，不屈不撓，要提振信心，人類走向盡善盡美的時代將是遙不可期的。因為尊重文化的原則與遵循自然規律的原則十分接近，因此前者從來不會徹底滿足後者的要求（即相一致）。換個角度來說，現實與理想之間總是有段很長的距離，即是說，對比現實中我們所能達到的，思想中會持續存在一種較為主要的追求目標。其中蘊含著人類走入盡善盡美無止境的明確性。在前進之路上目標隨時都有可能更改，倘若具備文化的觀點，事情就會沉底改變。屬於一個時代的教育理想，同時也會成為這個時代的教學目標。課堂教學及教育尊重文化的原則，就是對人們提出追求教育理想的要求。

　　整體來說，我們已經探討完了考慮變革時代的必要性，在這裡告一段落。

　　教育學知識往往來源於人類特性的經驗與知識。由於知識往往基於經驗之上，因此經驗就是教育知識的固定來源之意。換句話說，經驗是在某種生活條件下源於觀察人的特性的現象，教育學其實是一門經驗 —— 倫理科學。因為個別人並非抽象的，而是完整個體，並非生活在一個抽象的時間或是抽象的地點，而是在一個具體的時間或是具體的地點環境裡生活。因此教育人時不僅僅要看一般人的特點以及時間和地點的關係，而且也要顧及人的特性裡那些個別本質的東西，要考慮人生活

其中的時間及地點等各種因素。教育人需要依照人的特性，根據時間與地點的關係和要求。所以我們不要將教育科學看作是墨守成規的和刻板的科學。只有當我們徹底意識到人的特性時，教育學才會保留這很小的一部分，其餘大部分的內容要看永無窮盡的時間的變化，要依賴人的特性的全部或個別的發展來辨別取捨。切不可樹立科學不可更改的榮譽感。這世間並無絕對不可更改的東西或事物。教育學與別的獨立科學一樣，其內容並非從別的科學中汲取而來的。從這個意義上而言，現在大家對教育學還有很多爭論，因為就神學這方面而言，教育學不被看作是一門獨立的科學，在某種程度上，神學也想產生教育學的作用。別的科學過去曾遭受過貶值，同樣的，教育學如今也遭到了這種貶值。不問可知，教育學必然能達到別的科學遠遠無法達到的水準（並非指實踐，也是指理論，是指在理性認知上）：獨立和自主。神學與教育學到底哪個在先哪個在後，這個名次之爭其實早可以偃旗息鼓。因為這個所謂的名次之爭完全由個人和團體引起，這種爭論的狀態並不亞於對仍處於上升期的教育學的指責，指責派覺得教育學和神學存在依賴關係，教育學是自它的老主人神學延伸出來的，具有革命性，屬於欺師滅祖。不管是名次爭論還是橫加指責，都會在某種程度上影響教育學的獨自發展，但是這不會破壞這種發展。如今教育學為別的科學樹立了很好的榜樣和範例。可以想見的是，在幾個世紀前（或是在今後？）神學還被當作是「科學之冠」，想想以

前神學科系在大學裡排名第一，它妄圖控制一切知識。醫生依靠自己的法術為附了鬼魂的病人以符咒來驅魔，法學家遵照聖經上的話制定了法律與刑法，哲學家援引教會的信條當作自己辯論的法寶。伴隨新興科學的萌發和崛起，老主人神學與新興科學之間爆發了極其激烈的爭辯。這種唇槍舌劍一直持續到今天。事實上，很早之前就有一些上進的牧師，對趾高氣昂或是神聖不可侵犯的神學格言提出過別的看法，並且勇敢宣導要經由種種管道和辦法來解放神學。醫生由人的特性及客觀世界的特點或是社會的產物中闡述他所遵循的規律，法律學教師也同樣由人的特性及社會關係中找出規律，他並不會盲從聖經上和婚姻有關的格言，而是提出怎樣建立婚姻和家庭才會美滿幸福的問題。哲學源自沒有根據的空想。又有教育學多多少少成了神學的僕役。但是自從康德哲學問世以來，為教育學撐了腰，教育學終於可以理直氣壯，一馬當先，竟然一躍而替代了以往神學主人的統治地位，而且借助自身的光輝成果來照耀神學。不僅赫爾巴特和貝內克（Benecke）的教育學體系得到論證，而且也論證了實踐經驗豐富的教師的教育學觀點。保守勢力與進步勢力的激烈爭鬥一直蔓延到了今天，雙方各不相讓，各執一詞，無形中一些人的概念再次被觸動，本來圍繞的是人和事物特點的論戰，繼而又轉移到了相關專業性的問題。只要是稍稍懂得一點文化史的人，都可以輕易看出這場爭鬥的最後結局。如今已經為神學家提出了一系列十分重要的要求，要求他們到

國民學校去當教師，逐漸將神學與教育學的關係做一顛倒，並且宣告以往的統治者不過是發揮了奴僕的作用。當然了，翻然悔悟還需要落實到實際行動中，如今這個情況的發展還不好預料。所以要為神學家和教育家提出極為具體的要求，讓他們不僅僅要關注人類的活動與繁榮，並且更重要的是，一定以此為全部行動的原則。由於不認識人，不懂得社會關係，缺乏愛的情感就很難圓滿達成這一偉大的使命。我相信在以後總會有這麼重要的一天，兩個派別的爭論會偃旗息鼓，雙方相安無事，重新歸結到人的特性的規律基礎上。如今還在世的兩派成員歸屬正在爭論的雙方——教會與學校，希望兩個派別的成員能夠不驕不躁，謙虛謹慎，若是兩派能夠重歸於好，也不需要大張聲勢的祝賀。更重要的是對下一代的教育也要慎之又慎。在這個僵局尚未緩和之前，我們切不可讓他們學習運用這本教師培養指南提出來的要求並做到立即奏效。這其實不難理解，我們沒法要求任意一種教育學都包含嚴格的結論性的理論，同時也沒法讓學校不去參與兩派的論戰。希望兩派能夠平心靜氣，求同存異，握手言和。只有自嚴格之結論中才能達成一統、穩定，或是心暢意足。我們要將這個結論科學系統化，雖然我們也擔心近來世界之形勢，或許不會讓這種科學理論得以應用在實踐上。——事實上我們如今的觀點已經與教育學的理論相互連結，已經與學校的實踐相互連結。到底什麼時候才能將這種科學理論運用到實踐中，這還要取決於教育家和教師的聰明智

慧，教師的職責並非為了朝思暮想的固定的存在形式，而是為了在永恆變化的歷史長河中，主動的促進時代的進步。

第四節
教師課堂教學原則

　　在本章中我並不想蜻蜓點水的談談教師的所有教學活動和追求，也不想提及教師的普遍特點、忠誠與美德。本章重點要探討的是教師的素養，教師的素養優良，能夠為課堂教學帶來極大的幫助，關係到教學的成功還是失敗，從這一點而言，教師的素養主要來自與所教主體的性格。

讓課堂教學充滿吸引力（興趣）

　　只要是引起我們關注和注意力的事物，只要是生活中我們的娛樂符合自然要求最終引起的東西，都可以稱之為吸引力和興趣。我們與興趣打交道，這是理所當然的事，因為人的感官喜歡引起身體內在的娛樂。要想將學生的注意力吸引過來，就要想方設法盡量發揮我們的優勢或是利用別的巧妙的辦法，在教授課文時也要盡情發揮自己的個性，將課文盡量講得饒有趣味，扣人心弦。興趣能夠促進一個人很大的愛好，只有有教養的人才會真的懂得興趣，興趣究其本身而言能夠促進培養。教師應該有純熟的技巧來活躍課堂教學，引發學生的濃厚的學習

興趣，因為興趣能夠讓學生順其自然對真、善、美產生好感，還能讓學生自願去追求真、善、美。如何才能讓課堂教學增加趣味性呢？（一）換個花樣。（二）教師要活躍。（三）教師要盡量發揮自己的個性。俗話說得好，花樣翻新能夠調劑生活。為什麼不讓學生發現教師以各種形式和形象來教授教材呢（總是一味照本宣科，枯燥無味）？倘若教材不單一，教師完全可以選擇多種多樣的教材，這樣教師就不需要在花樣翻新上刻意下工夫了，只要變換一下教課的形式與風格就可以了。在兒童尚未學會寫出最簡單的字母前，就逼迫他們將字母寫上無數遍，想想吧，教師還會更加強迫學生做些什麼呢！所以我奉勸教師還是要多動動腦筋，多想想如何改變自己的教學形式，如何變化一下花樣吧！──但話又說回來，僅僅是花樣翻新也不能解決全部問題，也不能立竿見影的解決大部分問題。教師只能用自己的活潑、激發性，興致盎然的（不要矯揉造作的）來與兒童打交道，去上課，這樣才能稍微感受到教學改革成功的快樂。我們親自發現課堂教學藝術絕非傳授的藝術，課堂教學藝術是激勵、啟發和活躍。不過你自身倘若缺乏激發性，又沒什麼主動性，又如何能夠激發學生，去讓睡眠的人覺醒，又如何能夠活躍他人呢？唯有生命能夠創造生命，死亡即是終止。所以希望你能盡可能的學會活躍！活躍並不局限於外表的匆匆忙忙，如同擊劍一樣手忙腳亂。活躍也不是表現在面部表情，似乎做個鬼臉就算是活潑。真正的活躍是指精神上的活力，這種活力

是極為自然的呈現在面部表情上。有的人在活躍方面與他人相比的確很不尋常。在教育中也一樣，活潑的父母才能培養出活潑的孩子，活潑的教師才會教育出活潑的學生。所以每一個具備培養能力的教師都要學會活潑。如何才能變得活潑起來呢？可以試著和性格活潑之人或教師交朋友，也可以試著去體驗一下清靜而淡泊的生活方式（由於很多問題還要顧及身體情況），這樣的生活方式絕不會缺少活躍的氛圍。全力想像一下生活的價值與意義，親自體驗生活，一切都落實到行動上，越多實踐就擁有越深的體驗，特別是春天回到人間，去大自然陶冶一下自己的情操，體會一下春光燦爛、姹紫嫣紅的景色，加入兒童世界去，與孩子混作一團，然後夜幕降臨，萬籟俱靜，你可以試著思索，可以借助宗教的觀念來探索自己人生一世的目的，思索培養人才、推薦人才的千斤重任，只要尚未閉眼，就鞠躬盡瘁，死而後已。總而言之，你要將自己的全部精力和特點來提升課堂教學的趣味性！倘若在這方面缺乏天賦，那我們就更要竭盡所能學會這些！儘管美好的願望和活躍的行為不能解決全部問題，但我們還是應該重視這個問題。誰試圖知道如何抓住學生的興趣，誰就要甘心作學生的忠實的僕人。哪裡有枯燥無味的課堂教學，那裡學生的注意力就無法集中。教育也是一樣。沒錯，總是這種情況，學生的記憶力也會慢慢減退。

　　讓我們在這裡再提出一個問題：什麼樣的方法能夠刺激學生的學習興趣呢？什麼樣的方法能夠讓學生對課文充滿興趣

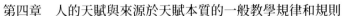

呢？我覺得首先就需要教師本人真心喜歡教授課文，並將這種興趣遷移到學生身上。第二，教師要把學生的學習興趣當成教學的前提。第三，不問可知，教師要遵循教學論教課。第四，注重培養學生的情感與覺悟（當然並非透過口頭），讓學生既學到知識又擁有能力，讓學生奮勇向前。認識到知識與能力是多麼的歡樂！這能算縱容學生高傲自矜嗎？哈，你們這些小傢伙，你們這些崇高的人類和青少年的專家啊！你們切不要讓成年人失去歡樂的工作，放棄充滿精力的工作，以及生活乃至生存的享受：承認並肯定成績 —— 難道需要讓一個兒童，一個少年，一個年輕人摒棄這種理想嗎？兒童，仍舊羽翼未豐，不知道學什麼，或做什麼，教師需要激勵他們在生活中尋找自由活動的樂趣，不要逼著兒童去做什麼。在童年那覆水難收的最美妙的歲月中，切不可讓他們死板的坐在冷板凳上，不要將兒童關進抽象化的牢籠裡 —— 不要在以後妄圖償還他們上進的思想感情，償還他們所收穫的知識和能力的財富！哪個教師違反了這些原則，就是不了解人的特性，這樣的教師堪稱道道地地的沒教養的人。只要是一個明白人的特性的行家，只要是可以成為青少年知心好友的教師，一定能夠在教學中激發出學生的濃郁的學習興趣。這樣的教師肯定會讓學生常常來回溫習以前學過的知識，因為教師總是能夠將學生之前學過的和下一階段馬上要學習的有效結合起來，所以他會要求學生「學而時習之」，再「溫故而知新」，所以他就會在乎學生以前學過的一切。在教

授科爾奈利烏斯・奈波斯（Cornelius Nepos）的新名人傳前，教師會主動找出作者的舊作並閱讀。只有做到這些事，教師才會喚起學生最為活躍的情感。只要學生具備了這種活躍的情感，教師完全沒必要再額外叮囑學生好好學習。以這種教學方法教育出來的學生會無比熱愛教師，熱愛學校及課本，同時也一定會埋頭苦讀。學生痴迷於課本甚至忘了自己，這就是收穫了課本。

課堂教學要精力旺盛

有的時候我也免不了會想，有的教師在處理教學論、教學方法和學校紀律等方面的魄力都哪裡去了，別的一些學校的教師也同樣存在這個問題。教師自身是應該具備這些特點的。我看教師魄力不足的主要原因是少了些毅力與果斷，換句話說就是缺少堅強的個性。不管一個教師做什麼倘若都是拖泥帶水，畏畏縮縮，一點大丈夫的氣概都沒有，終其一生也成不了什麼大事，而教師的一舉一動都會引起同時代人的注目。倘若教師本人沒什麼主見，遇事搖擺不定，感情失落，意志不堅，這如何讓人相信他能教好學生呢？這如何能將學生的遲鈍培養成敏銳呢？這如何能將笨拙培養成靈巧呢？堅強的性格是沒法代替的，一個人的氣質也不會突然就能提高了。這需要讓青少年自己提升思想的敏銳度，鍛鍊自己堅強的意志！不過特點可不是能自己生長的，只有盡心竭力，經過反覆錘鍊才會生成特點。

這裡絕不可以施加消極和被動的影響，而應該腳踏實地施加堅定而積極的影響。只有性格堅毅、雷厲風行的人才會善解人意，知道要什麼，為什麼要，透過什麼方法能夠鍛鍊自己的意志，只有擁有這種個性的人，才能培育出性格堅韌和果斷的人來。有的人膽小怕事，總擔心把青少年培養成這樣的性格會讓他們變得肆無忌憚、虛偽邪惡。我們的看法是，這是典型的前怕狼，後怕虎，不失為一種幼稚的表現，他們懷疑在這世間或是在人的天性裡隱藏著一股崇高而偉大的力量，我們能用鐵一般的事實來將他們的意見駁倒，例如說德國歷史上的很多偉大人物，路德就是其中的代表，他擁有極其堅忍不拔的個性，而且還非常虔誠的尊敬神靈。很遺憾，如今我們還有很多人質疑時代的發展方向，質疑人的天性中隱藏著的強大而無堅不摧的精神力量，這種精神能夠效忠並捍衛我們的教育原理。倘若一味保守的人占據了統治地位，他們一定會將世界變為一個大的修道院。我們和他們可以說格格不入，我們要組織所有奮發向上的人，永保堅強、勇敢和大丈夫的氣魄積極主動的、一心一意為真、善、美服務。

　　請你們去這樣的學校裡看看吧，看看那裡那些幹勁高昂、剛毅果決的教師們都獲得了多麼大的成就！他們的重要成就是：持續創新，竭盡所能吸引學生的注意力，在這些學生眼中教師代表著身體力行，同時還能提升自己的語言表達能力。總而言之，在多個方面都能顯示出鮮明的教學效果。這就是大多數人

們渴望的生活特點，人人都有很多這種特點，每個人都能利用這些特點，而並不像是占有大財主的金銀財寶一般。只要教師擁有了這樣的特點，就一定有辦法，有能力、有方法來執行學校的紀律。這些特點就集中表現在教師關於紀律教學和教學論上的氣魄，是教師性格堅毅的應得的豐厚成果。

教授教材要與學生的口味相符合

教師發音要清澈宏亮，重音突出，表達清楚，思維充滿邏輯。這一節的內容主要針對學生，我們暫時先把這個原理的討論停一下。就這點而言，因為我們提出來的教學論原則幾乎都和教師的做法有關，所以和這一節無關，然而由於教師的行為又十分重要，且因為教師的意向還要借助教師的活動來完成，所以他在這裡又占據了一個位置。

不管是課堂教學或是其他學習都要腦力全開。學生需要將學到的知識進行口頭表達，全部學生都需要做到這一點，沒有任何例外，一定用自己的話講述出來。怕是大家不會記得住這個教學原則，沒什麼事情會比這件事更加容易被疏忽或者遺忘。這是為什麼呢？

自己講話（指教學來說）並不是件很難的事了。但是讓他人講話，讓學生準確而又流利的講話卻並不是一件多容易的事，這需要教師要有非常大的耐心，矢志不渝的將注意力全部投注在學生的一言一行上，不僅僅要觀察、聆聽學生講話的內容，

177

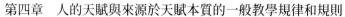

還要更加細心的觀察學生講話的形式與表情。教師如果要求學生多聽少講，這可不是個好習慣。我們要求教師可以心甘情願的接受這個困難複雜的差事，依靠自己堅決戒掉這種惡習，確立大公無私的思想。在這方面我們切不可輕忽視之。事情非同尋常 —— 我們要成竹在胸，這對那些性格暴躁、活躍且熱情的教師而言更是困難重重。他們這些人會自我原諒，藉口說這樣做會嚴重影響教學進度。難道說學生只知道茫然的聽課就可以加快教學進度了嗎？他們是為了學校來學習，還是為了自己的生活而學習的呢？這種懶惰的思想簡直無須辯駁。在這裡讓我們提出下面幾個毋庸置疑的真理：

1. 學生要學會有條不紊的講話。
2. 學生應該條理清晰的學習，或複述出教師講授的內容。
3. 如同優秀的幼兒教師一樣 —— 意思是說對待學生，只需要簡單扼要的幾句話就可以，最好的教師也應該這樣做，沒法做到簡明扼要，講話也至少不要囉哩囉嗦，像個小丑的腔調一樣。受制於不會講話的確是件很糟的事情。

學生也需要養成一種好習慣，只要是聽到的或是學過的，都要學會透過準確的語言表達出來，要講究真實和真情實感，雖然並不要求大聲講話。我結識的一個教師，即使是在幾個小時的活潑生動的課堂上，他也說不上幾句話，儘管他說得很少，但他的學生卻會你一言我一語的熱烈討論起來。這是一

個十分優秀的教師。不要求學生複述課文一定會削弱學生講話的能力，自顧自的讓學生坐著聽課，這簡直就是飽食終日，誤人子弟，一定會遭受社會的譴責！不容置疑的學生需要專心致志的聽課，在我們數量眾多的學校中，學生都能夠做到認真聽課，只要講課的內容足夠生動活潑。不過學生能夠正確講話比寫好字重要得多。當然學生也需要練好字，但我們一般都會先聽到人講的話，之後才看到人寫的字。就這一點而言，誰還要固執己見？

　　講話發音要做到準確而清楚，就如同我們聽那些有教養的人發音一樣清晰悅耳（我們的看法是哪裡方言講得最多，那裡就至少缺乏教育）。要突出重音，心態健康的人都會喜歡重音突出，教師應該鼓勵學生這樣做，在學校學生要隨時隨地聽得懂別人說的話，自己講話也要做到清晰明瞭。我們的學生可不要培養成講話慢條斯理又吞吞吐吐的外交家。我們學校的女學生將來是不是會成為公使夫人，這對我們來說也沒什麼要緊的。

　　發音與重音的關係是由表及裡的（發音指代音量，重音則是指概念），這兩者都屬於外部關係。清晰的表達和邏輯嚴謹的思維則與講話的內部有關，這兩者的關係依舊是由表及裡的。清晰的講話表達主要是要求避免拖泥帶水，含糊不清，思維嚴謹則說明思想條理清晰，邏輯清楚。我們從一些頭腦不清的老太太那裡可以看到這樣的情況，這些老太太哪怕講一件很小的事都會語無倫次，囉哩囉嗦。所以我們在教課時，講話條理清晰

有多麼重要。條理清晰說明頭腦清楚，相反則表示頭腦亂作一團。頭腦混亂的主要原因是思考混亂，是推理邏輯不清楚的結果，是沒有準確的描述出前提，或是表達能力遲鈍。就這一點而言，我們千萬不要輕忽視之。教師需要培養學生建立正確的邏輯思維。我們是不會容忍教師對此背道而馳的！不然就難以產生明確和清楚的知識，就不會產生準確的判斷與結論。——總而言之，我們怎樣去識別鳥類的歌唱，也就怎樣去識別學生的講話。

學無止境

　　「逆水行舟，不進則退」這句俗語還說得沒那麼清楚，需要補充我們在上面探討的內容，教師的能力足夠培養學生也是其自我繼續教育的重要過程，應該將與兒童與教學打交道當成是自我教育的重要方法。教育這件事絕對不是敷衍了事的成品和製造，教育代表著發展與活力。這其中包含著活動、運動，以及成長。教育學生需要先將他們激發，主要就是激發他們的主動性，這樣形成的課堂教學就是教師繼續進行自我完善的最好的途徑。由於教師每天絕大多數的時間都要進行教學，一心一意的激發學生，與此同時也就持續不斷的激發著自己，這真可以算得上是「近水樓臺先得月」。不如此做就很難培養出好的學生。所以希望你自始至終都做教育這一行吧，培養人，也培養公民，尤其是培養教師。持續不斷的認識，剖析和培養你的感

情和個性，尤其是充實你的宗教生活，持續不斷的提高你的活動能力吧！

　　永不疲勞的勤奮工作的最深且永不枯竭的泉源就是真正的宗教。說得更準確些──是自然宗教。即是說，人需要虔誠，虔誠可算是人類心靈中永恆的、自然而固定的財富。我之所以在這裡提到自然宗教，是因為要與那些非本來的人為而成的宗教觀區別開來。人們總是會從口頭禪、原理以及表面的信條去鑽研宗教，這幾乎已然成了盤根錯節的風俗習慣。就如同信仰是合理承認全部真理，而不是由自身靈魂的最深處夢寐以求的神聖事務。所以有的人每當他們自身信仰宗教信條之時，便會鄙夷那些偶爾偏離信條的人，他們竟然覺得只有自己才算作是個有信仰的人，於是就忘乎所以，卻不知道那些被他們歧視的對象才是真正將自己的感情生活當成唯一的信仰！就這方面來說，成千上萬的人還都被偏見統治著，就連教師都不例外！我經常在學校裡觀察那些教師的言行舉止，他們嘴上說他們會積極號召學生信仰正統的宗教，然而在學校裡，我們卻偏偏找不到幾個胸懷真正信仰的學生，甚至說根本就不存在。這是為什麼呢？由於教師只知道讓學生死記那些基督教教義的問答手冊或是格言，死記硬背那些枯燥無味的信條，還有學習那些僵硬刻板的傳統八股文和問答手冊的輔導資料，這可真是難以捉摸的宗教信仰。但是我也從中看到了另一種情況，有的學校的教師在學校裡發自肺腑的引導和活躍學生的宗教信仰，讓學生打

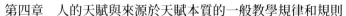

從內心深處就崇敬神聖，追求崇高的正義與善良，誰知道有些人居然因此而散布閒言碎語，中傷他們。信仰是以人的感情為根源的，既然真正的教育絕非倉皇竣工和偷工減料的製品，那麼信仰也應該只能發自人的內心深處，否則宗教本身就根本不會存在。這些人吹毛求疵，更是錯得不輕，甚至是失去自我控制。只要是教學有方的教師，隨時隨處都會流露出虔誠的信仰情感和思想，他們的熱情像永不枯竭的泉水，他們才是名副其實的青少年的導師。不管是在精神貧瘠時還是在熱情充沛的時候，他們都能做到貪婪的吮吸這純潔的泉水。儘管他們心安自得，但倘若要像老教書匠一樣發上「教一輩子書，受一輩子苦」的牢騷，那麼他們就必然與寧靜和安慰無緣。因為我們堅持認為天命、意識、善良這些詞語，都會向優秀的一面發展，都能夠獲得科學的理解，堅信真理及最後的勝利，這與信任人性有著密不可分的關聯，激勵著歷史上無數傑出的人物——讓人類結合成一個毫不動搖的堅石，不畏艱難困苦，持之以恆的、誠懇無比的工作。教育兒童，教育那些比較特殊的兒童與自己的孩子，都是十分費力而又勞累的工作，不能隨意按照自己的想法行事，還要付出非常大的擔心和痛苦。天底下的父母都有過這樣的親身體會，沒有例外的。然而教師每年教育一班又一班的學生，學生翅膀硬了就再不需要教師了。感謝上帝，教師能夠親身看到那些孩子長大成人，從他們的內心深處也能感到難以形容的喜悅和幸福。到了新學年，教師又會開始一

切。教師工作任重道遠，他們肩負著更大的使命。教師需要培養出一批又一批優秀的孩子，包括那些具備特殊才能的孩子，甚至是國之棟梁。這些學生一批批的離開學校，又會有一批批的新生入校，教師的工作日日如此，年年如此，總是要從頭開始，一生都這樣度過。支撐他們的力量是什麼呢？是什麼激勵著他們讓他生機勃勃，容光煥發，讓他們得到寬慰呢？因素是綜合的，在我看來，這其中最主要的也最經得起考驗的就是他們的信仰。教師擁有了信仰也並不是萬事大吉，但這確實是最重要的事。除了信仰，教師還需要有堅定不渝的信念。上帝無所不能，無處不在，祂掌控著世人的命運，為所有人支配好其永遠的工作位置——上帝讓世人改邪歸正——學校就像一個果園，教師就是果園的園丁，不辭辛苦的栽培著，灌溉和祝福著。這些思想和教師十分親密，它們深入教師心靈，永遠在教師面前活躍著，縱然命運遭受不公的待遇，甚至遭遇背信棄義，也心甘情願，為培養孩子甘願如此。失去信念就沒有幸福。

所以教師要下定爭取獲得更完善教育的決心，教育的基礎來源於虔誠的信仰。倘若失去虔誠的信仰那也沒太大關係，也只能展示一下自己嫻熟的知識和教學技巧。因此說我們要看重信仰，切不可低估信仰的力量。道德生活堪稱信仰唯一的象徵，「要全面認識信仰結出的豐碩果實！」

教師的核心思想即為促進人類道德的發展。教師要將自己的所有精力都奉獻給這個高尚的事業，讓這種高尚的情懷永

遠樹立在心中。教師的這種崇高思想不應該是在頭腦中虛構出來的事物，而應該成為教師真實的骨肉。教師不該是獲得這種思想，而應該是被這種思想占據。這是作為教師的覺悟。教學已然成為教師的生活與食糧，教師應該以教學為本。教學工作在教師的身上應該成為駕輕就熟的本領，將自己的精神意志鑴刻在學生的身上，這是不容置疑的。教師在教學中如何找到樂趣，學生也就知道如何幸福的讚揚教師。

只有那些條件優越而又天賦異稟具備教師才能的人，才能獲得如此精湛的教學技藝。至於我們這些人，怕是很難會達到這個水準，我們只好依照現有的能力和願望，根據自己的特點來努力發展。我們當然希望不會辜負期望，不枉費大家對我們的恩賜和祝福。我本人和其他教師都會把學生當成一面鏡子來警示自己——先是直觀認識，到抽象思維，然後則是學校團體的精神，客觀上則存在個人從屬關係，總而言之要做一個十分有教養的人——倘若短時間還無法達到這個要求，就務必加倍努力。學校裡面最重要的事就是：最具教學意義的直觀學科以及最生動的實踐，對學生而言都在教師身上呈現。教師本人則能夠展現出個人的教學方法，展現那些課堂教學原理及教育原理。教師的人格能夠為教師帶來威望、權力和影響力。很多地方都認可學校的價值要比教師大，即使懷揣這種看法的人也一樣要正確評價教師，「看看你學生的情況，我就知道你教學是什麼水準！」

為了自己和你的學生而喜好運動

　　為了你自己：（一）體力活動。（二）精神活動。不做體力活動就無法增強體格和力量，身體器官也發達不到哪裡去，功能會慢慢減退，更不會擁有一個強壯的身體。這些道理再明白不過。我們認為喜好運動的意義是特指喜好運動本身，並非指讓運動牽著你四處跑，切不可將喜好運動看作是遊戲的方式，喜好運動最先的目的是為了你的身體健康。那些純潔爛漫、健康活潑的孩子都是如何活動的呢？他們為什麼玩，單純為了玩而玩。孩子蹦蹦跳跳，嬉戲扭打、玩耍、爬高、游泳 —— 他們為什麼這樣做？這是因為孩子們喜愛這些活動。這是毋庸置疑的事情。孩子到底是成長還是停滯呢！

　　這裡還需要說明一個問題：在旅遊中誰的收穫最大（這裡指徒步旅遊），又能收穫到一時的享受，還能夠保持最為持久的效果呢？有兩種類型的旅遊者，一種旅遊是為了到達一個目的地，另外一種則是為了旅遊去旅遊，這種人喜歡那些充滿生氣而有進攻性的健康運動。這對那些曾親身體驗過的人和善解人意的人而言，並不是什麼問題。這是毋庸置疑的事！旅遊者「條條大道都通向世界的盡頭」。

　　精神活動也同樣適用這個道理。真的希望你們都有精神活動！一個人收穫了他想要達到的目的，這個目的是實現了，但千萬別當作權宜之計，不要純粹為了發展精神而發展。所以

人要真正喜歡精神活動。沒錯，不喜歡精神活動就很難達到目的。人道主義者的看法是研究科學其實是為了科學自身，而不是為了怎樣的目的和應用，這看起來是十分有道理的。俗語說：「誰要以女神為妻，就不要管她是不是女人。」只有懷抱純潔之心的人才能收穫真知，是為了追求真知而去追求，「純潔之心的人能夠看到上帝。」

　　我的讀者，倘若你對我這些話很是贊成，那麼請你好好想一想，你都認可我的哪些觀點。你認為不僅要堅決反對勢利功利主義的商人習氣，並且要自由運動和發展，完全信任揭開人的本性。你要堅定相信，真、善與正義只有在人的力量自由運動之路上才能遇到。你有的贊成，也包含反對意見，你不認可硬性規定人類運動方向，不認可那些固定不變的原理，你認可人類的全部都是運動的和發展的原理。真理絕非恆久不變，而是在人類長期探索中一點點創造出來。真理的發展即存在著變化的過程。外部事物的思維同樣依照這個事物的特點。對人進行安排需要遵照人的天性及需求的特點來決定。人需要思考，更需要自由思考。思考失去自由相當於沒有思考。這就是為何要信任人的天性的必然結果。你要深度思考絕對自由這個原則的真實內涵，之後你就會堅定的反對為自由思考束縛上諸多條框的合法性，你就會堅決行使在每個領域中你自由探尋的權利，為你自己也為別人爭取這種權利是一種無須交易的財產。我說的這番話分量稍微重了些，但還是希望你能獨立思考！我

不需要說服你。身為你最坦率的朋友，我希望你暫時可以不用遵循我在這一章裡提出的這個最大的要求，等你真正思索一番，真正將它的意義徹底領會再說！因為結論恰好是正確思考的特點。

倘若我的話在你那裡得到驗證，那就請你不再保守，你要將這些原則在你的學生身上運用，沒有別的路可走。思想方面無特權，在這方面每個人都要求平等 —— 用我們自己的話來說 —— 自由：徹底的、沒有限制的思想和研究。誰把人的思想限制或決定，自由運動依舊不會受到約束，誰妄圖將人類的思想奴役，誰就是與我們提出的原理作對（一般他是我們自己的敵人 —— 怎樣說他呢！）只要誰自由而愉悅的認可我們的話（沒什麼比信任真理和人的天性更讓人愉悅），誰就一定會喜歡和孩子打鬧嬉戲，同時他們也會讚賞孩子的精神活動，認可孩子內在的發展或是他們分辨真假的行為。他們能夠由此收穫很多。他們能由此在教學中收穫豐碩的成果，他們能夠在無拘無束的歡樂思考中、活動中發現真。他們會越來越發現更多的真，一點點成長為一個真正的人。「這種人才最真實。」

精神奴役者會在這些話面前不知所措，只要一聽到自由研究與無限制的思想這些詞語，他們就會嚇得面無人色。他們的面前會張開一個無底深淵，在他們腳下大地也會隨之搖晃，他們害怕隨時掉進這個看不到底的深淵。這是必然現象。因為那些精神奴役者都坐在一個構築在沙子上的房子裡，只要從這

個地基中抽出一塊基石，房屋就不再挺立。在地牢的空氣待久了，呼吸就會不暢，而失去了高山上的新鮮空氣，他們又想要回到熟悉的房間。在房間裡他們能夠感到熟悉和舒服，他將這種舒服稱之為正確的認知。但願這樣的人能在自由的天空下面靠著自己的力量來解決保守的重重阻礙，以掌握到高原上自然的美麗。但話說回來，這樣的人又如何會付出自己的力量呢，他們自小就有人為他們考慮周全了，自小就有人為他們出主意，想措施，自小就有人為他們準備了答案，而且已經養成懶人思維，自小就有人向他們灌輸動腦筋的想法是多麼討厭，所以這樣的人一生都害怕思考問題。他們的生活真諦就是聽他人講一些安靜而讚賞這樣的好話。如今為何不讓這樣的人在地牢中呼吸一下有益的新鮮空氣呢？就是因為他們在地牢裡待得實在「太舒服了」！

　　就如同一隻剛出生的小鹿被人捉住當成家畜一樣馴養，小鹿吃著女主人手中的草，並且舔著女主人的手以示感激。在籠笆裡面小鹿過得很舒服，所以牠不再想回到大自然的樹林裡去，由於小鹿剛生下來就離開了森林，所以牠不想去冒險，不想搏鬥，牠想要逃避這種冒險和搏鬥。倘若我們將一隻在籠子裡關著的動物放生進森林中，而那些在籠子裡受困的動物又會成怎樣的樣子呢，這是可以想見的，屆時我們就能看到被放生的動物在森林裡面無拘無束的隨心所欲的奔跑，倘若將動物死死關在籠子中，那又會成什麼樣子呢，這也是能夠想到的。對

俘虜施與同情吧！困在地牢裡的師傅們該多麼不幸啊！你到底想做哪種人呢？

儘管近代學校教學論的內容一應俱全，但仍欠缺深度和廣度，特別是並未向讀者展現新的課堂教學法的特點和內涵。我們在這裡還要強調提出一個問題：新型學校的教學法應該徹底是唯理性的。如果試著想想理性的對立面教條法，那就再清楚不過了。教條教學法代表著舊式學校的教學法，這種教學法認為教材內容固定不變，所以最後出現讓學生死記硬背的情況等等。新型學校的教學法最先就要求教學要通俗易懂，讓學生能夠透澈理解，絕不可以讓學生憒然不知的學習，這種教學法即是唯理性的。這種教學法有比較高的要求，除了主張教學通俗易懂外，還宣導必須與人的大腦、心靈、感情、思想和意志密切結合起來，教學原理應該是一種內涵豐富的教學原理。

不要將我們提出的唯理主義看作是一種系統，其自身不過是一種方法而已。當然系統與方法並沒有那麼大的區別，其內容和形式一般都存在相互的關聯。在尊重自然法則等方面系統教學也要遵照唯理方法。然而這種教學偶爾也會將現成的知識教條化，教師同樣整天站在講臺上教課。而超自然主義者因為種種原因選中了教條主義教學法。我覺得做一些教學試驗是很有必要的，將系統教學法唯理化，或是以抽象推理和論證的方法來對這種教學法進行改革。不過我們心裡其實早已有數，這不可能產生什麼效果！依照新型學校的特點需要將重點放到

學科之上，特別是數學課應該運用純唯理教學。算術課可以算作是新型學校最基礎的科目了。其教學法也應該運用遺傳學和啟迪學方式。此外是教材，自然課和語文課務必要用唯理教學法，運用直觀、分析歸納法也可以。宗教課能夠運用歷史教學法，無論是宗教課或是歷史課都可以試著運用教條教學法。總而言之，不管是哪一門課都要以通俗易懂為標準。

我們之前已經探討過和教學法有關的大方向和近代生活互相呼應的問題。但是近代學校需要保證其堅持的教學方法要徹底與時代精神相符合這個原則。不然我們將會面臨很多對手的挑戰（並非完全出於惡意），會動搖我們的意志，甚至失去信心。所有等級制、管制、專制、違背理性和一成不變的教學方法，都堪稱近代教學原理的對立面。只要是帶有團結或是同情性質的，只要是包含發展變化、運動和進修性質的教學法都具有相當強的生命力。這是教學法上的重大進步。我們還可以將這些教學法稱作歐、美、亞地理國際教學法，當然了，也能稱其為教條教學法的對立面教學法。

不懂得人的特性，還妄圖找出學校裡的教條主義和專制主義的根據是毫無勝算的。可能這些主義的提倡者有可能故意為之，開門揖盜，他們又如何能知道這些主義在教學中會造成多麼大的危害。然而在時代精神的重壓下，他們終於也認識到了一些不斷向好的兆頭，他們不僅僅意識到了群眾的傾向，甚至還發現了教師中的傾向。這些傾向所認可的教學原理剛剛好也

佐證了這些傾向的正確性。「生存或是毀滅，這是一個值得人深思的問題。」毀滅好比復古，再次回溯到上世紀西元 1770 年之前那些機械主義盛行，例行公事和刻板腐敗的統治時期，又返回用鞋匠、裁縫、下級軍官甚至僕役當作學校核心的那些暗黑年代。生存，需要真心實意、坦蕩的認可一切新的教學原理，要一心一意，要果斷而又堅定的接受這些新的教學原理，要勇往直前，和黨派鬥爭與教師間感情的分裂和矛盾做最堅定的抗爭，讓這種敗壞的傾向一點點轉化成和諧與滿意！誰想要勸誡別人獨自發展和自由活動，誰就要先去獨自活動，持之以恆，堅持不懈。應該運用什麼辦法呢？一一說得很清楚了，然而我們要向思想敏捷的讀者著力推薦並積極接受新學校的新的教學原理，大家可以因此而解開很多時代的謎團，會發現很多現象，可以參與到教育學中的一些爭論，並非出於惡意，而是要與人為善，以理服人，秉持虛心求學的態度。就按照我說的去做吧。

　　我們依照近代教學論已然闡釋了一些主要用於培養智力的教學原則，在這裡我忍不住還要提一點別的意見。難道還需要讓我們為那些覺悟較高的教師送上一個保衛真理的先鋒隊的名號，表彰他們發現、捍衛真理的偉大功績嗎？回答當然是「不」字。因為認知要連接實際行動，理論要與實踐相連結。我們只好將這些教學原則當作是一些可供參考的規章、標準、尺度或是準則，要依照實際情況靈活的運用。我們開始就要說 —— 這

些教學原理肯定會遭到誤解和濫用。不管怎樣我們都應該面對現實，專心思考近代學校的那些教學原理，讓學生能夠主動進行學習，弄清楚他們所學的一切，激發學生的主動性，用清晰的語言來激勵學生的想像力。到底學生能否真正弄明白呢？什麼才是「明白」？明白自身還有著程度上的不同嗎？「程度」又意味著什麼意思？難道不讓學生平心靜氣專心致志的理解課文嗎？難道讓學生對任何事物都要表明態度嗎？這一系列的問題都值得認真思考一番。因為這些問題自身就蘊含著真理。一定會有人由於過度激動或是措施不當而亂用那些本來正確的教學原理。要完全理解這些教學原理似乎還應該增加一些趣味性，換句話說，不能僅僅由理論到理論，還要與學習人的個性、經驗和教學進度靈活運用這些理論相結合。單單理解這些理論還不行，還要準確的表達出來。我認為不可能有人不認可這些理論的真正價值，因為這些理論都是毋庸置疑的。當然，僅僅依靠理論本身還無法讓人成為一個優秀的教師或教育家。經驗與思考，理論與實踐，天資以及有目的的培養，只有將這些因素系統結合起來才可以培養出優秀的教師和教育家。人要獲得一番成就必須具備天賦，沒有普通的培養也無法成為一個教育家。一個教育家的一言一行更無法離開思考和覺悟。總而言之，我們需要綜合考慮這些問題，也不可過高判斷這些理論及原則的價值，同時還不能小看這些理論的作用。

第五章
學校紀律

　　你們願意讓我來談談學校紀律，當作這本書的結束語嗎？

　　在這方面許多教師感慨頗多，一提到學校紀律，他們能夠口若懸河的談個不休。我們不想將這一章寫得過長。為什麼呢？理由十分簡單，因為我們不覺得這是個需要特殊對待的獨立問題，它是一個與教學原理及課堂教學關係密切的問題。我們的看法是學校紀律應該與教學論相融合，倘若兩者並不一致，至少也應該成為教學論的延伸。一個優秀的教學論專家一定也是個紀律管理專家。誰擅長教學，誰就一定擅長管理紀律；誰教學優秀，誰就管理紀律優異。課堂教學學科就約莫等於紀律（這是過去的意見，但它總是被忽視）。

　　以前那些較易發揮的話題大家並不熟悉，直到大家知道了教師職業的原則（講授、預講、教訓、警告等方式），才反應過來。這些人確實擁有較為豐富的知識，不錯的口才，良好的「教學」，只是還不太懂讓學生遵守紀律這一點。還有陰森昏暗的柏林修道院裡的史萊馬赫（這裡指名道姓也無妨，但並非為了貶低他的聲譽）和當代的很多學者，都還不太明白遵守紀律的重要性。但是剛好從那時候起，教師對於教育知識漸漸有了新的認知，進而改進了教學方法。形成了以激勵、發展、支配主動性為主的課堂教學法。換句話說，課堂教學是依照維新時期的倫理法，當時並沒多少教師明白既要上好課，又要學生自覺遵守紀律。教師的教學能力多優秀，他能發揮的約束力和作用就有多大。誰贊成我在本書中之前部分提過的，就必然會認同我

現在的說法。維新時期的教書先生就懂得打鈴上下課。這些老古董是純粹的教書先生，他們將教書看成自己的本分，理所當然，絕不可以越雷池半步。教書先生的確不是一個什麼讓人喜歡的名稱，看起來應該換一個好聽的才行。教師需要將自己的全部精神都集中在學生身上，不管是學生的身體、學習興趣、學習能力或是語言能力，以及學生的主動性和自制力，不管是認知能力或是感情和性格，教師都要全部管起來，要以紀律約束學生，包括學校內外大小事務。只有教師做到這種地步，學生才會將自己徹底託付給學校。學生的儀容儀表、禮貌與品德，態度恭順與服從，甚至包括做作業與交作業的態度，尊師愛校的表現，誠實可靠的不同程度，都展現著學校教育原理與教師思想和意志的作用 —— 席勒曾將教師的個性詩意化、哲理化，不管做什麼，教師都是憑著自己的個性。教師會直接表現著學校紀律的大小規定，對學生，教師要賞罰有度，教學原理既要展現教學法的力量，也要展現紀律的威力，同時還應該保持靈活性！教學原理同時也應該成為學校教育原理。

毋庸置疑，教師如何思考教學方法，也就如何改進和約束學生的表現，讓學生自小養成一種好的習慣。與此同時，教師對於怎樣做好學生的操行評定也要默契合作，步調一致，切不可自行其是，更不能中傷別人的創建。切實的教學思想要為教師灌輸權力的觀念。我們在這方面還要一一進行列舉說明嗎？例子可是不勝枚舉，但還是暫且略談一些吧！

1. 嚴肅規範學生的到校時間，學生既不要提前上課，也不能遲到。不要體罰！學生總是會因為遲到而受到體罰。體罰是絕對不可以的（倘若學生遲到，第一課可以罰站，之後就讓他去教室最後一排座位上坐即可）。

2. 學生要端正坐到座位上，要安靜，為上課做準備工作。

3. 鈴一響就開始上課，上課前要祈禱並唱聖詩，但不宜太長。其實只唱一首聖詩就可以了。在領唱帶領下唱半首或是一首詩歌。唱聖詩能夠鼓舞志氣。

4. 班級的最前面是教師的位置，要一直在自己的崗位上，別來回走動，眼睛要一直注視全班學生，激發或是提問，把全班學生的學習氣氛帶動起來。

5. 學生在回答問題前要舉右手，或是伸出手指示意，但不可以抬手臂。

6. 教師要站著進行上課，聲音宏亮，說話清晰明白，發言有力。不可以講錯話，不要結巴，不要不願意說話，要快速回答學生的問題，不能只答一半問題。不要讓學生跟教師一起讀，學生跟教師一起讀真是學校的禍害之一！為什麼？

7. 不到萬不得已時，切不可採用讓學生輪流複述的辦法，但最好還是不使用這種辦法。用這種純靠刺激的方法來引起學生的注意力，只能說明這個教師要麼無能，要麼懶惰。

8. 對每一個勤奮好學、艱苦用功的優秀生進行表揚，當然也

可以適時對那些落後生進行鼓勵。不要出現懲罰現象，尤其是對那些名落孫山的學生。

9. 不可以說教，不要倉皇潦草的譴責或是表揚，也不要泛泛要求學生。說話簡潔有力的教師幾乎都是優秀的教師。

10. 要對落後生有耐心，尤其要持續不斷的鼓勵那些勤奮好學的學生，還要督促那些能力不差但不認真學習的學生。

11. 學生的眼睛在上課時要盯著教師（主動的），就像那些衛星圍繞太陽旋轉一樣（學生需要主動注視教師，要不然就是虛張聲勢，並無價值）。學生要把腰桿挺得筆直（不是僵硬），腳不要隨意動，雙手都放在書桌上！

12. 學生離開學校時要安靜，不要嬉鬧，對教師行禮後安靜的回家！

　　這 12 個說明是否已經夠了？還要求我們對教師叮囑些什麼呢？有陌生人參觀學校，牧師大人來學校視察，學生需要用什麼態度對待，教師怎樣面對來學校訴苦的家長，教師如何對學生進行處罰，靠什麼來處罰學生，是靠教鞭還是其他什麼東西，諸如這樣的問題確實太多了，我們還要說多少來對我們的文章作結呢？如何追求上帝的王國是最首要的使命，和真理一起融化，教師的真正精神隨即變為真正的行動。教師要建立這種精神！失去這種精神一切都毫無意義。就算有了這種精神準備在實踐中同樣會犯錯誤──「人只要做事就免不了犯錯

誤」——然而穩穩當當走正路是不會偏離方向的。經驗能夠幫助解決一時的失誤。萬事注定不會一般齊。「兩人做同一件事，結果未必相同。」有出現失誤的學生，就有要求嚴格的教師。「一件東西未必對所有人都適合！」一個人交好運，另一個人就會遇挫折。在種類繁多的紀律裡不會有現成的藥方。

「只要是不理智的理解所表現的，這就是孩子情感的自然流露。」

我們生活的這個時代會湧現很多優秀的教師和教育家。大家都要將這些教師當作榜樣，向他們虛心學習。「實踐比讀書有用。」世間最美好的東西就是個性頑強、善良的願望。所以我們的精神世界毫不貧瘠。然而這還要看操行的優劣而定。高尚的情感才會誕生高尚的思想，而高尚的思想也必然充滿高尚的情感。

倒是關於懲罰和管束學生的方法，我們多談無益。只要教師教學有道，與自然規律相呼應，與專業要求相符合，根本不需要用到懲罰和管束學生。只要讓學生在學校認真學習，努力激發學生的學習動力，學生自然就不再調皮搗亂，並不是非得懲罰學生不可，懲罰學生很難收到良好的教育效果。因為懲罰的根本目的其實是消滅懲罰。因為熱愛勞動就能夠避免犯法，因此學生熱愛學習一樣可以減少懲罰，但是這種熱愛應該是學生親自參加勞動而生成的一種十分強烈的情感。感情越是強烈，越是深沉，就越能夠推動事物發展。總而言之，課堂教學

原理等同於教育原理，課堂教學方法等同於教育方法，倘若兩者做不到統一，那麼課堂教學本身就與教育沾不上邊，不過是一種罰育，只是傳授知識罷了，完全談不上是培養教學。在這裡，我們以下面一段話來對我們教學原理的優越性進行總結：「為了將所有學生培養成可以獨自生活並擁有技能的兼具感性和理性的合格人才，課堂教學自身需要將激勵學生的情感當成精神力量與精神產物的核心和統一點，無比在全部的教育活動中落實。具體些的辦法就是，教師要將教材當作努力培養學生的重要方法，把觀察形象當成起點，持續鞏固學生的學科概念。只有依靠直觀教學才可以掌握人的內在精神世界，努力培養學生濃厚的主動學習興趣，遵照客觀規律培養學生的理解力與意志（即頭腦和心靈），這樣下來，經由課堂教學，學生才能接受到真正的教育。」

官網

國家圖書館出版品預行編目資料

德國思想家第斯多惠的「教師教育指南」：公民義務、天賦本質、學生觀點、科學研究、學校紀律，教學改革先驅論教育 / [德] 弗里德里希 · 第斯多惠（Adolph Diesterweg）著，江利 譯 . -- 第一版 . -- 臺北市：崧燁文化事業有限公司 , 2023.05
面 ；　公分
POD 版
譯　自：Friedrich Adolph wilhelm diesterweg on education
ISBN 978-626-357-312-3(平裝)
1.CST: 第斯多惠 (Diesterweg, Adolph, 1790-1866)
2.CST: 教育理論 3.CST: 教學理論
520.147　　　　　112005382

德國思想家第斯多惠的「教師教育指南」：公民義務、天賦本質、學生觀點、科學研究、學校紀律，教學改革先驅論教育

臉書

作　　者：[德] 弗里德里希 · 第斯多惠（Adolph Diesterweg）
翻　　譯：江利
發 行 人：黃振庭
出 版 者：崧燁文化事業有限公司
發 行 者：崧燁文化事業有限公司
E - m a i l：sonbookservice@gmail.com
粉 絲 頁：https://www.facebook.com/sonbookss/
網　　址：https://sonbook.net/
地　　址：台北市中正區重慶南路一段六十一號八樓 815 室
Rm. 815, 8F., No.61, Sec. 1, Chongqing S. Rd., Zhongzheng Dist., Taipei City 100, Taiwan

電　　話：(02)2370-3310　　傳　　真：(02) 2388-1990
印　　刷：京峯彩色印刷有限公司（京峰數位）
律師顧問：廣華律師事務所 張珮琦律師

定　　價：299 元
發行日期：2023 年 05 月第一版
◎本書以 POD 印製